物語る「棚田のむら」

中国山地「上山」の八〇〇年

久保昭男 著

農文協

上山の棚田（山陽新聞 1974 年 1 月 23 日より転載、縮小約 1/2）
（山陽新聞社提供）

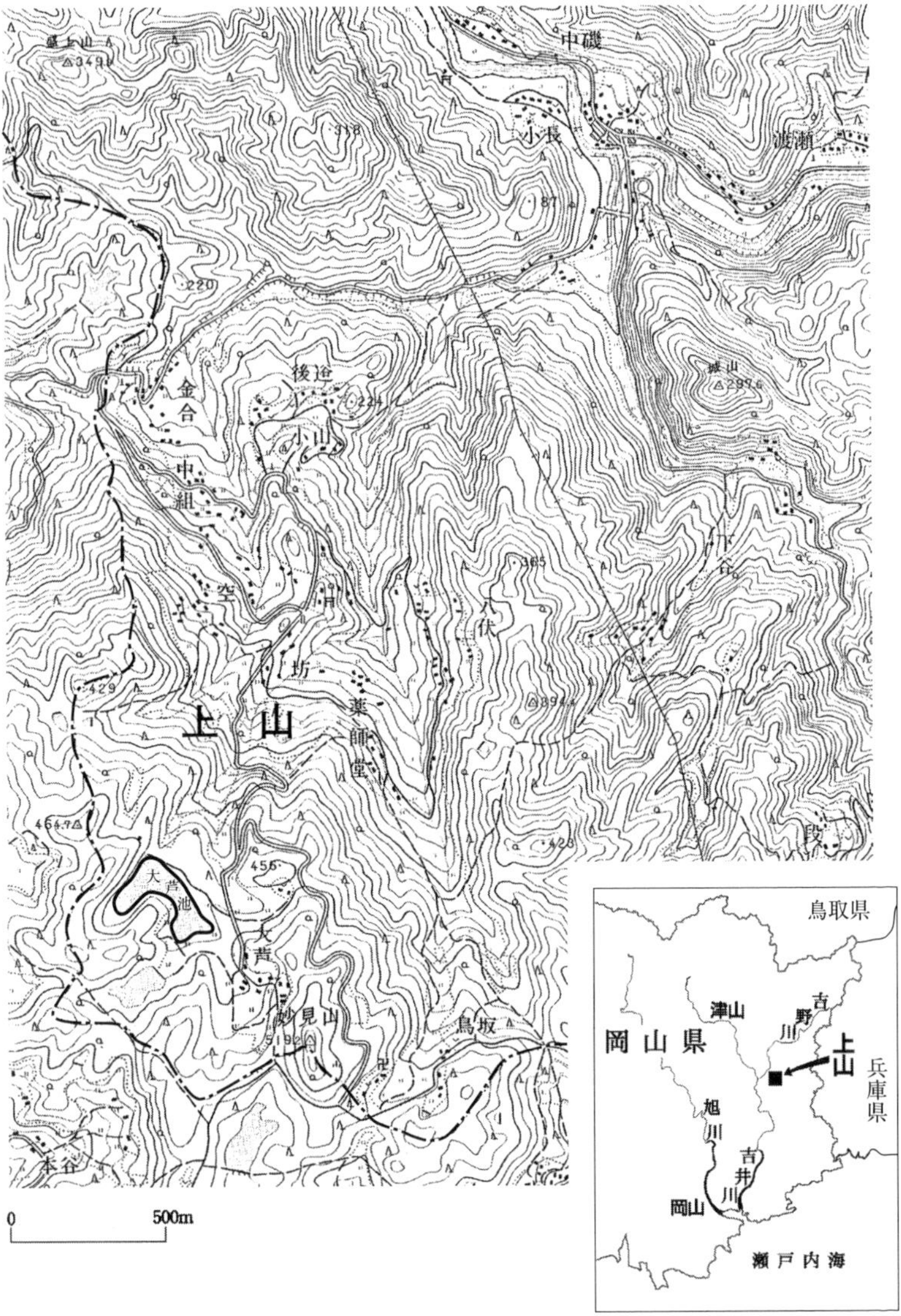

上山全図

(国土地理院の２万５千分の１地図「日笠」より作成)

はじめに

「棚田」ということばが日常的に使われはじめてからどのくらいたつのだろうか。そのことばになじむのに時間がかかったが、わたしもいつのまにかそう呼ぶのがふつうになった。本書の舞台である岡山県英田郡英田町《あいだちょう》上山《うえやま》（現在は美作市《みまさか》上山）は、集落と水田の大半が山腹にあり、「棚田のむら」と呼ぶのが似合っている。

上山は瀬戸内海と鳥取県境のほぼ中間で兵庫県に近く、岡山市から北々東へ約五〇キロ、英田郡の南の端にある。吉備高原の外れになるこの地方には二〇〇ないし四〇〇メートル級の低い山々がせめぎあい、そのなかに標高五一九メートルの妙見山が頭ひとつ盛り上がっている。妙見山の北側斜面にこのむらは位置している。

最盛期には百戸近くがあり、山頂からすこし下ったところにある大芦池が上山の水田をうるおしていた。しかし一九七〇年代初めに減反政策がはじまってから米作りは衰退し、英田町が大芦高原にレクリエーション施設を設け温泉を開発したものの、過疎化の大勢を止めることはできなかった。近年になって棚田再生の動きが活発になり、注目を浴びている。

わたしはここに生まれ、幼少年時代をすごした。

一九八〇年代初めのこと、二十年ぶりにこの地を踏んだわたしはがく然とした。谷川のほとりにあった水田が一か所、そしてまた一か所、葛と潅木におおわれ、山地との境も見分けられない。かつて五枚、十枚とかぞえることができた小さな田は、勾配がきつく日当りがわるいので真ッ先に放棄されたのだろう。

棚田の風景に溶けこみ、自然のひとコマとなって過ごした体験からすると、この変わりようは他人《ひと》事《ごと》とは思えなかった。減反のことは一応知っていたが、うかつにも上山について考えたことはなく、昔と変わらないものと思いこんでいたのだ。

荒地と化した光景を前にして上山から遠去かっていた歳月がよみがえり、新たな想いが湧き上がった。——棚田はいつ拓かれたのか、むらはどのようにして出来たのか、と。

その後、西日本へ出張した合い間をぬって毎年一、二回上山へ立ち寄り、数日間滞在する。しかし棚田を拓いた言い伝えやむらの成立ちが簡単に分かろうはずもなく、風土に慣れ記憶を呼びさますことに終始した。まずは姉たちや古老から聞き取りをし、小学校時代の仲間の助けもかりて墓地や溜池・用水路、鉱山跡など歴史の現場を見てまわる。そうこうするうちに、むらの文書を少しずつ手にすることができるようになった。東京に帰ってからは聞き取りと資料の整理をし、地方史の本を読むのが欠かせない作業だった。「上山むら」の輪郭が点から線に変わり、水田の開発過程も少しずつ浮かび上がった。

当初、この調査を本にする予定はなかったが、一冊にまとめようと思いたったのは、九〇年代が終りに近づいたころであっただろうか。

この本は、「棚田のむら」の出来ごとをほぼ年代順に取り上げるが、過去から現在までをまんべんなく目配りした、むらの通史にはなっていない。まして学術書からはほど遠い。えがくイメージは生業とその背後にある暮らしを記録しまとめる雑文集である。見方によってはわたしのルーツをさぐる、たどたどしい物語と言えるかもしれない。

本書はつぎのように構成されている。

「序章　棚田をうるおす大芦池」は、上山の心臓ともいうべき大芦池に焦点を合わせた。第二次大戦後の改修工事のもようをながめ、灌漑の仕組を見渡したのち、棚田と溜池にまつわる言説を検証する。

Ⅰ部はむらと家の成立ちをテーマとし、少ない文献をフィールドワークで補った。1、2章では領主の渋谷氏、高原氏の消長をとおして中世および戦国末期のむらの状況を概観する。3章は一六世紀後半からの銀山ブームを取り上げ、高原氏の定住と併せむらが変貌する有様をさぐる。4章は江戸時代の宗門改帳や墓地の造成から家と家族の在り方を跡づけた。

Ⅱ部は上山の基本事業である大芦池の改修を明治、大正、昭和（前期）の三代にわたって取り上げ、その時代ごとの特徴を捉える。江戸末期の農家の潜在力や「隠れ田」の存在、明治の大地主のこと、そして一九二〇年代の総合的な村づくりや第二次大戦後のステブ（無給労働）の実態などに言及。

Ⅲ部では、いまや忘れ去られようとする近代のむらを、さまざまな側面から記録する。8章は米作り以外の生業に目を向けるとともに、道路修繕その他の事業や祭りの行事をとおしてむらの全体像を示す。9章では幼少年時の体験をもとに、「農家点描」と題して八伏地域約十軒の暮らしの実態をクローズアップする。10章は一九世紀以来上山に根づいた国学と漢学の対照的な流れを追い、思想のもつ意味と役割に光をあてた。

最後に「付け足しの章　過疎化と棚田再生の動き」について。本書は高度成長期直前の一九五〇年代までを取り扱ったが、参考までにむらが一変するその後の出来ごとをこのような章立てで収めた。むらの歴史が取っ付きにくいと思われる方は、現代を取り上げるこの章から読みはじめていただくのがよいかもしれない。

以下、この本で紹介する事柄は棚田のあるむら、中山間地の集落においては格別に珍しいものではない（しかし、その風景はひと皮めくると意外にも個性的な顔をのぞかせ、日本列島におけるむらの歴史と百姓の生き方を語りかけてこないとは限らない）。この小さなむら・上山に、読者の方々はどのような感想を抱かれるだろうか。日常と遠く隔たる世界からなにがしか新たな発見をされるなら、著者としてこのうえない喜びである。

お断り

1．本文中、地名はその時代に使われた呼び名、もしくは本稿執筆時の町村名でもって表記した。前者の例は河会郷、上山村、大足村、ゴノカミなどである。

2．本書で「上山」と呼ぶのは英田町時代の上山区を指し、とくに断わらないかぎり大字上山のうち渕尾川流域の集落を除いた地域である。

物語る「棚田のむら」

中国山地「上山」の八〇〇年

【目次】

表1　文献にみる上山の地名

名称	年代および出典
美作国河会郷上山	一三世紀から一四世紀前半、『入来文書』。「上山村」ともある。
美作国河会庄上山	一四世紀前半から一五世紀末、『入来文書』。
作州上山村	一六世紀、「高原氏先祖書」（一七世紀に作成）。
惣名上山村	一六〇八（慶長一三）年の「上山村検地帳」（写）。
英多郡上山村	一七〇二（元禄一五）年の「上山村宗門御改帳」。
英田郡川会庄上山村	一八一五（文化一二）年編纂の『東作誌』。
英田郡上山村	一八七一（明治四）年の「上山村戸籍帳」。
英田郡河会村大字上山	一八八九（明治二二）年、市町村制施行。
英田郡英田町大字上山	一九五五（昭和三〇）年、「町村合併促進法」による。
美作市上山	二〇〇五（平成一七）年、平成の大合併による。

表2　尺貫法による面積の単位

町	一〇反　約一ヘクタール
反（段）	一〇畝＝三〇〇坪　約一〇アール
畝	三〇坪　約一アール＝一〇〇平方《メートル》
坪（歩）	六尺平方　約三・三平方《メートル》

序章　棚田をうるおす大芦池

一、改修は人海戦術　一九五七年秋

千本突きをする女たち

高原の静寂な空気をふるわせて、盆踊り唄を思わせる音頭がゆったりと流れる。

　　お池のはらつきゃ　お村がなさる
　　おかかのはらつきゃ　ととがする
　　……

聞こえてくる節に耳を傾けると、詞は大らかなエロスに充ちたもの。低い山脈と高原に囲まれている大芦池《おおあしいけ》は、水底が一面に干上がり底土をあらわにしている。全長八〇メートルに達する土手は、その半分がえぐり取られ、土をむき出しにして四角い空間を現出している。かつては満々とはった水面とその上方に延びた土手が絶妙のバランスをつくり出していたのだが、改修工事がはじまって以来、無残な風景に様変りしてしまった。

五、六メートルの深さにも達する、掘り下げられた土手の底地には十人ばかりの女たちのはたらく姿が見える。もんぺの上に白エプロンをつけ、足には地下足袋というでたちだ。手には背丈ほどの長さの丸太棒を握りしめ、音頭に合わせながら一列になって地面を突き固め、踏み固めている。千本突きという作業である。

立ち止っているのかと見紛うばかりのゆっくりとした足取りで、かの女たちは土手の半分の約四〇メートルをすすむと、向きをかえてもと来た方角へ帰って行く。細長い土手のうえに長方形をえがいて、中心部を目ざし渦巻状に順次突き固める。一番外側のコースは一周で二時間くらいかかった、と小林歌子さんは回想する。

ダンジと音頭

英田町上山の大芦池改修の工事は、いまから五十年以上も前の秋から初冬にかけて行われた。池からの漏水を発見した年の秋、稲作が一段落するのを待って池水を抜き、水もれの原因となった底樋《そこひ》を取り換えて土手を造り直したのである。

工事は古い土手を掘り上げることから始まった。近くの山でツルハシを持って「ハガネ」を採掘し、縄で編んだモッコに入れてかついだり、ねこ車といわれる一輪車に積んで山道を運んでくる。ハガネ

写真 序—1　大芦池（正面中央が池の土手）

というのは、うす茶色の粘土質の土で、たたいて締めると鋼《はがね》のように硬くなるところから、そう呼ばれた。

土手の掘り跡へハガネの盛り土とうすく撒いた雑土を代わるがわる積み上げ、層ごとに杵を使い、あるいは掌中におさめた丸太棒で突き固める。この地面を締め固める作業をダンジと呼んでいる。連日ハガネを盛り、ダンジをくり返して土手を復元するのだ。

工事に働きに出た女たちは全員が千本突きと杵打ちに従事した。もちろん、力仕事である杵打ちは男たちが中心だった。作業はハガネを地面に撒く手順に合わせて行い、午前と午後の食休みのほか音頭取りの中休みにも休憩したので、比較的楽な労働だった。歌子さんは、カレーをつくって持っていき、昼休みに皆で食べたと語っている。かの女はご主人が勤めを休むわけにいかないので、家を代表して二十日間工事場へ通うことになったのだ。

ダンジの列が楕円をえがいてすすむその中央に木製の台座がおかれ、音頭取りが引き回しをしていた。声の主は、数十年来近隣の村祭りや盆踊りなどで唄いついできた直《なお》さんともう一人である。直さんの音頭は、杵を打ちおろす動作とぴったり合い、集団を意のままに動かしているかにみえた。ダンジに音頭は欠かせないのである。

改修工事について話を聞いた、八十歳をこえる老人の記憶はかなりあいまいだったが、音頭のことに話がおよぶと、とたんに舌はなめらかになり、冒頭の詞に節をつけて唄ってくださった。またある家の建て前のおり、直さんが即興で演じた唄が忘れられない、とくり返し語るのだった。音頭が村びとの暮らしと労働に入り込んでいて、ひときわ印象的だった。

潜水夫による水もれ調査

大芦池の工事記録が見当たらず、全容をつかむために十人近くから聞き取りを行った。しかし半世紀ばかりも前のこととあって正確に記憶している人はおらず、いたずらに時間がすぎていた。突破口がひらけたのは、一九五〇年代の上山区長・藤原雅雄が書き遺した資料との出会いである。

息子の藤原武男さん（一九二一～二〇一二年）のお宅を訪ねると、半紙に墨書した文書を木箱いっぱいに用意してくださっていた。その中の一冊、個人名の日誌に工事着手までの経過が書き記されていた。状況を補足して紹介すると、おおよそ次のようである。

大芦池の水もれは、場合によっては土手の決壊を生じる怖れがあった。藤原区長を中心に対策を協議した結果、原因を調べるために建設関係の保守党代議士を通して岡山市から二人の潜水夫を招き、区長が二人を自宅に泊め日本酒二本と肴を調達してもてなした。調査当日、村びとたちはじめて見る潜水調査に好奇心をかきたてられ、現場まで見に行った人がいたという。調査によると、水もれは一番深いところの樋がくさったためと分かったので、応急処置をほどこし、稲の収穫期をまって土手を造りかえることになった。一九五七（昭和三二）年のことである。

ただし、日誌は工事の着手直前で終わっており、工事の記録そのものを見ることはできなかった。ともかく、工事の年代が判明したのである。

いまどきの工事にしては…

わたしにとって工事の状況は驚きだった。ツルハシやモッコを用いてハガネ（土）を採掘して運搬、丸太棒と杵によるダンジでもって池の土手を築き上げる工法がとられており、昔ながらの道具だけで、パワーショベルその他現代の土木建設機械をいっさい使っていないのである。

ダンジに代表される労働集約型の工事は、あまりにも現代らしからぬ状況であり、江戸時代さながらの人海戦術である。この工事が行われた一九五七年といえば、第二次大戦の終りから十二年をへ、農地改革を経験してむらの「民主化」がすすんでいた。「もはや戦後ではない」とうたわれ、農業の機械化が強調されるのもこの頃からである。世をあげて科学技術立国へ向かって大きく歩み出そうとしている時代だけに、大芦池の工事は時代遅れと映るのであった。

とはいえ、表面的な技術や工法に目を奪われていてよいのか、とわたしはどこか後ろめたさを覚えていた。機械が採用されていない状態を「遅れている」と決めつけることはやさしいが、それでは人びとが知恵をはたらかせ、協働してことをなし遂げた成果を否定することになりかねない。昔から伝えられてきた技術を受けつぎ、大芦池を造りあげた事実は評価されて当然なのだ――。

矛盾する二つの見方は、池普請のもようを聞いたとき最初に思い浮かべたものである。それ以降、後述するステブとともに、むらの歴史をたどるうえで避けて通れない問題であった。

理にかなう昔の工法

後日、溜池の歴史をさぐった森浩一編『日本古代文化の探究・池』という本を開いていたところ、築堤における千本突きの箇所が目にとまった。窪田博という農業土木研究者の文章である。

堤体を築立するには普通築堤用土を薄くまき均し、タンピングローラー等で締め固め充分固まったら次の用土を薄くまき均しては、締め固める作業を繰り返しつつ層状に盛土を行なうものである。昔は人間の足で踏み固めるとか、丸太棒でつき固める千本突きやあるいは掛矢《かけや》で叩き締める等の方法を用い何層にも締め固めつつ盛土をしたものである。「土木技術からみた池」

上山におけるダンジは山村の特殊なやり方ではなく、理にかなっていて昔から全国的に採用された工法のひとつであったというわけだ。

工事の中心は底樋（管）の取換えにあったが、作業にくわわっていた藤原武男さんらを驚かせたのは、旧施設の構造である。土手のなかを貫通して出口へ向かう樋は、腐りにくい松の木を加工していた。太い木をたてに二つ割りにして芯の部分をくりぬいたのち、タガネを打ちつけて元の形状に接合し、パイプとして使用している。しかも、埋設された樋は出口付近で先端をわずかに上向けにし、水が空中に押し出される仕掛になっている。出口が管の部分より高い位置にあると管内に常時水が充満し、材木は空気にふれることがないので腐食をまぬがれるのだ。

近代科学技術の恩恵から遠く隔たった地点で、先人たちはそれに代わる知恵と技術を身につけ、耐用年数の長く堅牢な池を造ってきた。武男さんはそのことを後世へ伝えたいと考え、図面をえがきながらこと細かく説明してくださった。

前掲論文は底樋の構造と、大芦池で採用している斜樋についても言及している。

貯水のための築堤が完成すると、その貯水を必要なときに自由に利用するための施設が設けられる。この施設を普通取水施設という。土木技術の幼稚な昔に築造された池では、堤体を横切って基礎地盤に底樋を設けている。その材料は桧や松等が用いられる。規模の小さい池では普通生の松の丸太材を縦に二つに割って、そのおのおのの中心をくり抜き、その後ふたたび重ね合わせて中心部分を通水管として利用した。生の松は水中にあると腐蝕することが遅く、俗に腐らないといわれている。そのため底樋は出口を入口より高く布設し、常に底樋管内に水がたまっている構造としている。少し深い溜池になると底樋に斜樋を連結され、斜樋に数ヵ所の取水孔を設けている。俗にこれを尺八と呼んでいる。／これは灌漑用水の水温はなるべく高いのが稲作の生育によい結果をもたらすので、池の表面の温度の高い水を利用するため斜樋に沢山の取水孔をあけているのである。

この論文は古代大和の溜池を扱ったものだが、あたかも上山向けの教科書かと見紛うばかりである。奈良地方で行われていた工法がいつ、どのようにして上山で採用されるに至ったのであろうか。ともかく二つの地方で共通している事実は、むらが自給自足の閉鎖社会でなかったことを物語っていて興味ぶかい。

五七年の底樋取換えは、武男さんによると荒手（排水口）の樋を移設して一か所にまとめ、従来の細い木管に換えて直径四〇センチのヒューム管を設置したのである。

ステブ（捨歩）への疑問

昔ながらの工法のほか、ステブの話には耳を疑った。歌子さんは、働きに行った二十日間すべてが賃金を支払われないステブ（捨歩）であったと語っている。思い違いではないかと複数の工事参加者に確かめると、「何日かステブがあった」「四、五日かも」などとあいまいな答えが返ってきた。まったく憶えていない人もいた。この人たちが金銭に無頓着とは考えられないだけに、この応答は意外だった。農閑期とはいえ、一家の主が十日も二十日もただ働きを強いられて、稼ぎや暮らしに影響しないはずがないのだから。（後で述べるように明治、大正の池普請では賃労働が主で、ステブはほんの形ばかりだった。)

ステブの話を聞いて、わたしは考えこんだ。企業のなかでは労働の対価として賃金を受け取るのが当然の権利であって、ただ働きが公然と行われること自体、納得がいかない。農村では生産活動である労働を冠婚葬祭と同じ付合いの次元で捉え、近代以前の慣習を引きずっている、としか思えなかった。

もちろん、むらは企業社会とちがって継続的な雇用関係で成り立っているわけではないから、都市住民の批判はあたらない。いまにして思うと、そのときむら特有の慣行であるステブについてきちんと考えることを迫られていたのだ。

工事資金がなかった？

工事資金の調達はヤブのなかだった。延べ二千人規模の工事だから、ステブを実施したとはいえそれなりの資金を要したはずである。

ところが、区にはお金がなかったらしい。当時の区長および後任者はすでに亡く、古老に尋ねるとだれもが分からないと言い、歯切れがわるかった。補助金について質問すると「国や県から出たとは聞いていない」とのことである。念のため英田町の広報紙『英田』を調べたが、工事の行われたことさえ報じておらず、後年の年表「英田町のあゆみ」にも載っていない。町村合併で発足したばかりの英田町が上山区を援助していないのは間違いなかった。

一方、区の財産といえば区有林が主だが、池普請に先立ち、立ち木ばかりか土地ぐるみで売り払っており、工事資金の調達には役立たなかったようである。

【付記】一九八〇年代後半、子ども時代以来はじめて大芦池の土手に立ったわたしは、意外に池が小さいことに驚いた。満水になっていないせいか、それとも目線の位置が低い少年に、水面ははるか遠くまでひろがっていると記憶させたのか。その反面、土手は大きく頑丈にみえた。だが、それは勘違いではなかった。後日聞くところによると、土手が沖にせり出したので、六六（昭和四一）年に石垣に代わるコンクリート・ブロックを構築した。その結果、土手は厚くなり耐震性をましたが、貯水量は大幅に減ったという。

二、八三〇〇枚の棚田とは…「上山の千枚田」の実態

千枚田のみえる風景

上山地区の中央を南北にはしる尾根の真ん中あたり、小高くなった森のなかに上山神社がある。上山地区の中央にあって、かつては村祭り、村芝居、盆踊りで賑わい、また宮参りや出征兵士の見送りなどむらのセンターとして親しまれてきた（いまは大芦への通過地点となり、立ち寄る人も少ない）。

写真 序―2　西谷川方面からみた上山神社の森（中央の黒い箇所）

写真 序―3　上山神社からながめた棚田（1990年頃）

神社の正面からは南と西北に向けて視界がひらけている。南から北へ流れる奥谷と西谷の二筋の川の両岸には小さな集落が点在し、せりあがっている。なかでも奥谷川沿いの急斜面には細長い棚田が密集し、そのなかに一坪、二坪といった子どもの遊び場のような田んぼが混じっていた。土地をむだなく使おうとする百姓の執念がにじみ出ていた。

田植えが一段落するころ、上の田からあふれた水がちろちろと落とし口を通って下の田に湛水し、さらにつぎの田へ流れてゆく。わずかの量で田をうるおし、余った水は池からの放水と合わさってはるか川下の田んぼを灌漑する。初夏をむかえると上山じゅうの棚田が一面に青々とした稲で埋めつくされていた。

ところが二一世紀をむかえると、谷の両岸には足の踏み入れようがないほど茅、葛と笹の類いが生い繁り、荒廃をまぬがれたひとまとまりの田んぼが人家の近くにひっそりと残っているばかりとなった。一九七〇年代から勾配がきびしい箇所、山際の日当りのわるい所から耕作が放棄され、年を追うごとにふえたのである。

上山神社の鳥居の前には「上山の千枚田」と題する案内板が立っている（写真序―4参照）。つぎに引用するのは冒頭の一節である。

かつてこの一帯には、百町歩、八千参百もの棚田が広がっていました。ほとんどの水田が石積の畦畔で出来ており、昔の人の苦労が偲ばれます。

大芦池は上山をうるおす

上山神社から坂道を登った標高四〇〇メートル台の大芦高原に、大芦池がある。周りの山からあつまる雨水を堰き止めてつくった溜池である。現在、高原には温泉、キャンプ場、温水プール、ゴルフ場などの観光施設があり、上山神社に代わって人びとが行き交う地域のセンターとなっている。ところが地つづきの大芦池といえば、半ば見捨てられたかのごとくひっそりと静まり返っている（池の土手は昔ながらに土で固めてあるため、周りの風景に溶けこんでいるのがいい）。

かつて大芦池は上山全域の水田をうるおす宝庫であった。その規模と効果について、「水面約三町歩、其池により水利を蒙る田地六十町歩、米の産額千二百石」と「河会村郷土誌」は記している。また、大正末期に上山区長は、「如何ナル旱魃ト雖モ貯水ノ涸ル事ナク」給水をつづけてきたと自負している。

上山は「山の上」の辺鄙なむらにもかかわらず、「米どころ」と呼ばれてきた。もちろん、標高一五〇～四五〇メートルの山地だから、日照時間が短くて作物の育ちがわるく、湿地と低温のため二毛作ができないなど、吉野川畔の平地の集落・福本や奥などにくらべると生産力は低かった。ちなみに、江戸時代の農地評価によると、前記二集落が「中田」であるのにたいし、上山は「下田」にランクされている。このように不利な自然条件だが、主な河川流域のように洪水や旱害におそわれることもないので、数百年もの長いあいだ水稲中心の農業を営んでくることができた。これは地形をいかした、溜池を中心とする灌漑システムに負うている。

岡山県東部地域は、吉備高原の東端に位置し三〇〇〜四〇〇メートル級の低い山がつらなっている。二万五千分の一の地図をながめると、吉井川とその支流周辺から少しはいった山地一帯に、大小さまざまな溜池があるなかで大芦池は大きめといったところ。周辺には補助池としての機能をもつ奥池、大芦池の給水がおよばない山際の小型池、さらに小規模の貯水池などが点在し、灌漑がゆきわたる仕組ができていた。

池水の管理と配分

大芦池の水は四本の井手《いで》（用水路）を通って七つの集落へ送られる（図序—1参照）。

(1) 空のうえを通って金合方面へ至るルートは、山腹をゆるやかにくだる。灌漑面積が広く、おそらく中世以前の古い井手をもとにして今日の姿になったのだろう。

(2) 金合井手から分岐して坊の背後を通るルートは、上山神社のわきをぬけ、山地を迂回し小山・後迫へ通じる。神社から先の部分は後迫の開発にあわせ、後日延長されたものか。上山の中央を南北にはしるそね（尾根）に沿っているところから、そねルートとも呼ばれる。

(3) 薬師堂ルートは、排水路から分離し、尾根を横断して奥谷側へ給水する。技術上の難しさから推して、前記の二ルートより遅れて開発されたのではないか。「棚田」という地域を経由するところから棚田線とも呼ばれる。

(4) 八伏ルートは、尾根を越え何度か急坂をくだりながら奥谷川の源流を横切って八伏に至る難コース。距離はもっとも長く四キロメートル弱であるが、灌漑する水田は少ない。大正末期に村長らが対岸の山から測量してルートの位置を決めたと伝えられる。

現地を踏破すると、古代あるいは中世のある時期に上山が一挙にむらの形をなしたのではなく、井手の経路や地形から推測して小字にあたる集落ごとに逐次開けた状況がみえてくる。すなわち、(1)(2)ルートは早くから開通し、中世には空・中組・金合と坊の一部など西谷地域を灌漑していた。その後(3)および(4)の井手が完成し、奥谷地域の水田がひろがったのであろう。

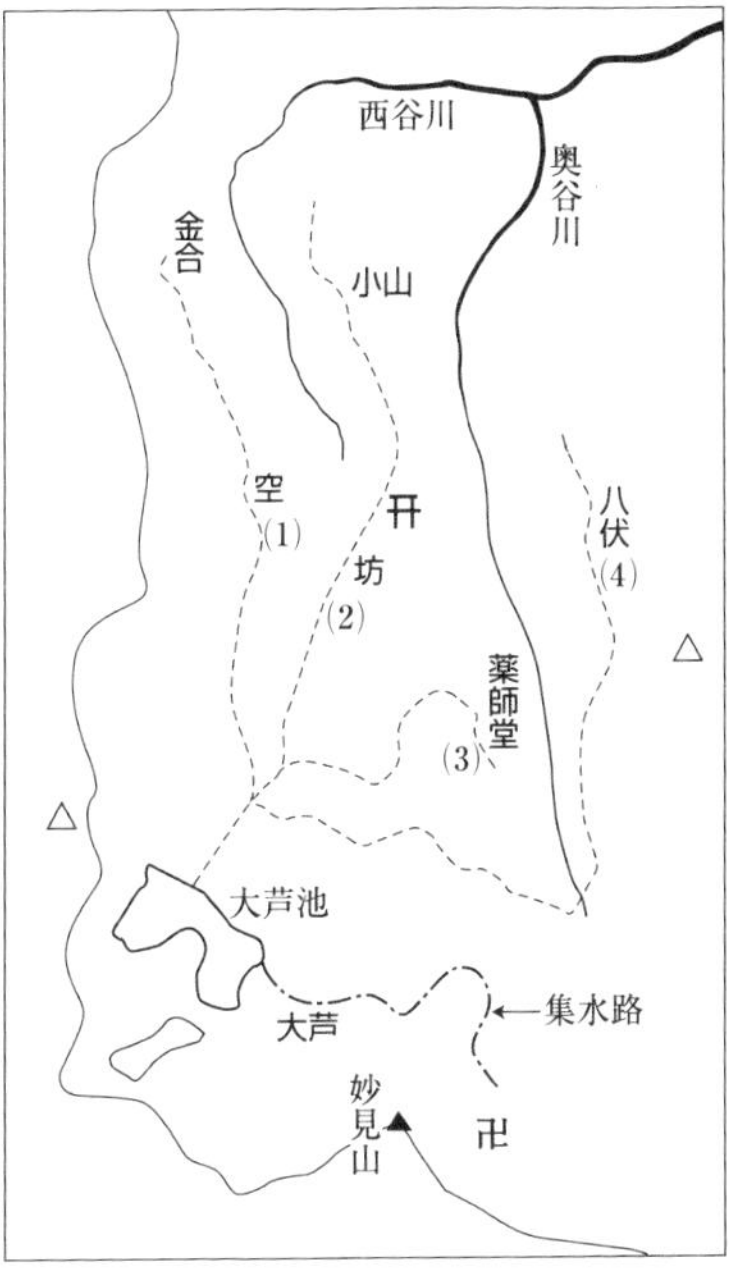

図 序—1　大芦池と4本の井手（用水路）

稲作の盛んだったころ、池水はきめ細やかに管理されていた。田植がはじまると、朝から夕方まで全地区へ向けていっせいに放水し、田植が一段落するまでの三、四日間給水はつづいた。池の貯水量が少ないときには雨の降るのをまって水を落とし、農家のあいだで田植の時期に差がつかないように調整した。田植がすむと、定期的な池の貯水日を除いたうえで、各井手へ順繰りに給水する。日照りの年には水量がへるので、池の樋を操作する水番（上番）のほかに、井手ごとに臨時の「下番」を配してすべての田んぼに水がゆきわたるように手配した、と親子二代にわたって水番をつとめていた坂のトクちゃんは語る。ともかく限られた池水をむだなく、みんなで使うことがむらの総意だった。

田んぼで使用された池水の余りや井手からもれ出た水は、奥谷川と西谷川へ流れこんで水かさをふやし、さらに川沿いの水田へ引かれる。小山集落では川から数百メートルの井手を掘って水田を拓いている。池水を直接引いた田を池掛り、川水にたよるところを川掛りと呼び、その割合はおおよそ四対六であった。

給水地域の拡がり

上山には池掛り、川掛り以外の水田も鳥坂などに若干あった。その多くは山際に点在し、雨水、出水《でみず》を利用する水田である。これらのなかには「水費」を納めていない田もあるので、その面積はつかめないものの、上山全体の数パーセントていどと見込まれる。

明治以後、灌漑システムが整備される過程で池水に切り換えたり、併用するようになった水田は数えきれない。たとえば、奥田とか棚田といった場所は、当初出水に依存していたが、井手の開設によって水不足を解消し、水田をひろげた代表的な例だ。

上山の川水は平坦部に流れくだって、河会川《かわいがわ》流域の水田をうるおす。池水を落とすと川がもえる

写真 序―4　上山神社の入口に建つ案内板

（川水がふえる）といわれており、数キロ下流の香合地区が池の効果に浴するさまを「香合田んぼも池のうち」と言い表した。大芦池は周辺地域の灌漑システムをも支えてきた歴史がある。

最後に、上山からの分水について記しておきたい。尾根をへだてて隣り合せの奥塩田（現佐伯町）とは、大芦池の水をめぐって水争いが起きていたが、昭和の初め、両者のあいだで協定をむすび、現在も専用の井手を設けて西谷川から給水するようになっている。

「上山百町歩」は間違っている

「この一帯には、百町歩…もの棚田」と記した神社前の案内板を目にしたとき、なぜか違和感をおぼえた記憶がある。考えてみると、上山に百町歩もの水田があれば一戸平均がゆうに一町歩をこえる。しかし実際にはそんなに豊かな家は少数だった。

案内板にいう「この一帯」とは上山区域、すなわち北の境は奥谷川と西谷川とが合流する大見谷までを指すと考えてよい。その領域に棚田百町歩が存在する根拠をさぐってゆくと、一九二八（昭和三）年刊行の『英田郡史考』に「大芦池（…本村百余町歩の水田に灌漑す）」とする記述を発見する。出所をさらにたずねると、一九一三（大正二）年ごろ上山神社の神主・赤木総雄が執筆した「神社取調書」にゆきつく。『英田郡史考』はこの文書中の片かな部分を平かなに改め、全文をそっくり転載したのである。

文中の「本村」と「この一帯」とはどう関係するのか、微妙な問題である。当時上山が属していたのは河会村であるが、遠く離れた河会村東部を「この一帯」にふくめるのは無理がある。そこでいまひとつの解釈は、明治時代までの行政単位である「上山村」の呼称が大正の初めまで慣用語としてつかわれていたと考えられるので、本村イコール上山とするのが穏当な解釈であろう。

ところで『英田郡史考』の記事に飽き足らず、上山区がのこした資料を調べてゆくと、大正末年の大芦池「増堤・修繕記録」は池水を利用する面積（水受反別という）を五十六町一反と記している。時代はくだって大戦後の五一（昭和二六）年には五十五町一反であった（同年の「上山区費徴収簿」）。水受反別に天水や出水でまかなう若干の田をくわえると、約六十町歩となる。これが古老のあいだで言い継がれてきた上山の反別である。以上の記録によって、百町歩説の誤りは明らかであろう。

なお、この案内板は一九九〇年ごろに建てられたらしく、「英田町上山地区　美しい村づくり推進協議会」の署名がある。

追記、「八三〇〇枚」の検証

上山の棚田が八三〇〇枚であれば全国屈指の規模である。しかし面積が百町歩でなく六十町歩であるからには、「八千参百もの棚田」という数字についても再検討したほうがよいだろう。しかしあいにくと田んぼの枚数を記した資料がないので、それに代わる便法として水田一枚あたりの平均面積を基準として枚数の目途をつけてはどうだろうか。総枚数が八三〇〇枚であるなら、一枚あたりの大きさは六十町歩を八三〇〇で割って得られる二十二坪（七〇㎡強）であり、一畝にも満たない。一方、複数の農家で耕作放棄前の反別と枚数を調べ、平均面積を割りだしてもらえば答えは簡単である。その面積が二十坪前後なら正解は八三〇〇枚であり、かりに一畝半の広さであれば総枚数は四〇〇〇枚、三畝であれば二〇〇〇枚と見込まれる。

もしも「八三〇〇枚」の真偽を確かめるだけなら、数軒の持ち田枚数を調べれば足りるだろう。八三〇〇枚があると仮定した場合、一九五六（昭和三一）年の上山の農家九十三戸（平均反別約六反）は一戸あたり八十五枚の田をつくっていた計算になる。持ち田がそれに近ければ案内板の記載は正しいが、はたしてどうであろうか（わたしの生家は二十四、五枚だった）。

最後に、水田全体と棚田との関係について。上山の水田の大部分は棚田であるが、大芦高原や大見谷などには平らな田んぼがあり、上山の水田がすべて棚田というわけではない。念のため。

これまで取り上げてきた案内板上の「百町歩」「八千参百枚」「この一帯」などの字句は誤りないし正確さを欠く表現であり、そのことをあらためて指摘しておきたい。

三、大芦池の築造をめぐって

溜池の歴史

大芦池はいつ、だれが造ったのか分かっていない。そもそも、日本で溜池はどの時代から造られたのだろうか。『国史大辞典』によると五、六世紀ごろにはじまったらしい。

溜池の歴史は古く、すでに記紀や風土記に築造の記事がみえるが、記紀の場合圧倒的に畿内それも大和の記事が多い。このことは、これらの造池の多くが大和朝廷によってなされたことを語り、遅くとも五世紀末ごろより灌漑を目的とした造池工事が活発に行われたことが窺われるが、他方《ママ》においては在地の豪族による造池もまた数多く行われた。ただその場合の造池は、山沿いの浅い谷に築堤して谷に注ぐ水を集める谷池的構造のものが多く、……　亀田隆之「ためいけ」

古代の溜池といえば、日本最大の香川県満濃池や行基が築いた大阪の狭山池が代表的だ。八世紀初めに築造された満濃池は、百年後に決潰して田畑や人家が流失する大災害をまねく。復旧はままならず国司は弘法大師空海の出馬を要請、空海は唐から持ち帰った土木技術によって改修を成しとげた。

司馬遼太郎も書いている有名な話だ。

その後も破損はくり返される。堤防が決潰し土石流が村々を襲ったのであろうか、長期にわたって荒廃のまま放置されたとの記録がある。自然と人間の関係のきびしさを物語っているというほかない。

元暦元年（一一八四）に決潰以来修築するものがなく、約四五〇年間もそのまま放置され、池の中に三五〇石の池内村が誕生したことが知られる。満濃池の復興工事が完了したのは寛永八年（一六三一）のことであり……

『香川県史　第一巻』

狭山池も決潰したままの状態がつづいたというから、それは全国的な現象であったのだろう。してみれば、大芦池が破損と修復をくり返したことは想像にかたくない。

池造り神話を調べると…

上山の水田は大芦高原にはじまり、溜池の水を利用して川下へひろがったといわれる。それはいつのことであったか。大芦池の起源を調べるため『英田町史』をひらくと、「上山神社の祭神は大足仲彦命と大足仲媛命という二柱の神で、……大芦池を築いた水利の神」とある。この本に先立って赤木美作守（元の名は総雄）が著した『上山風土記』には、「池を築き、上山の地を開かれた大足仲彦命・大足仲媛命」と同じ主旨の文章があるから、こちらが本家だろう。

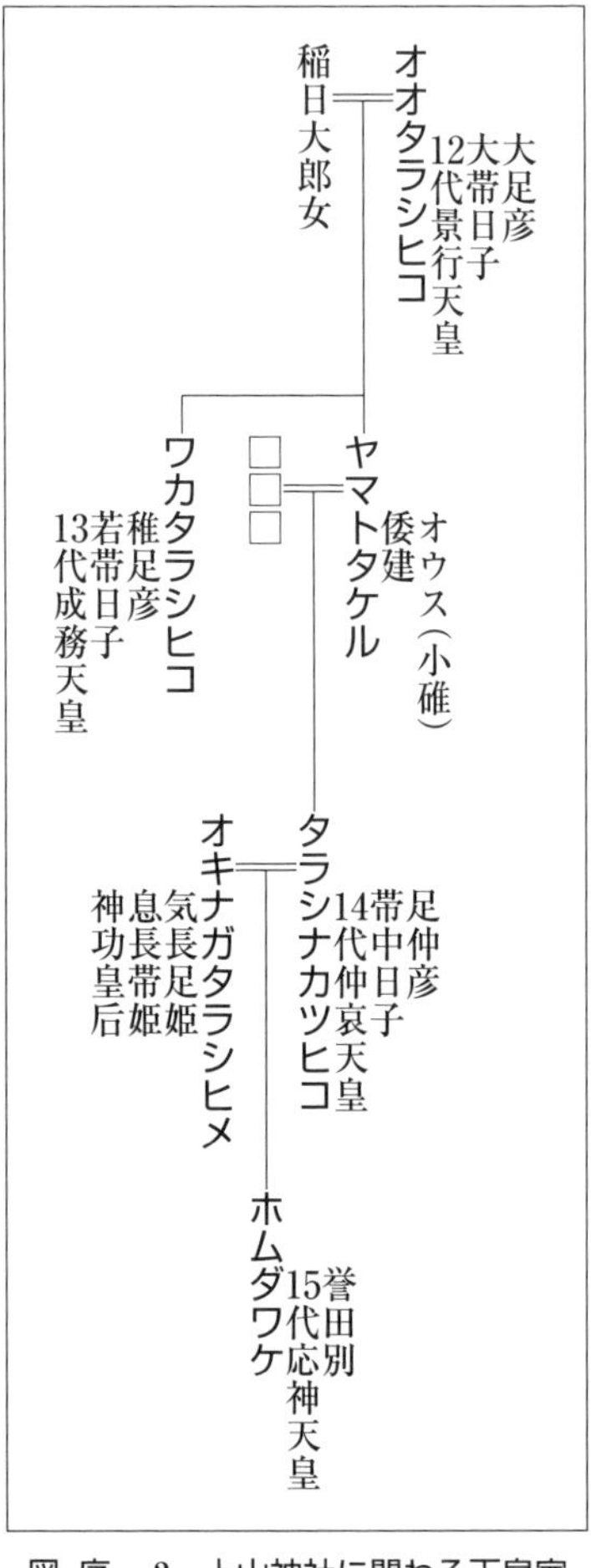

図 序―2　上山神社に関わる天皇家

池造りの神として崇められる大足仲彦とは何者か。赤木総雄が一九一〇年代（大正初期）から書きはじめた上山神社由緒書を調べていくと、池を築いた神様として大帯中日子と大足仲彦の名があげられている。二人はともにオオタラシナカツヒコと読み、同じ人物であった。漢字の表記が異なるのは前者が古事記、後者が日本書紀から引用したことによるのであろう。

由緒書は三点あり、そこには上山神社の祭神および水利の神が十名ばかり登場するが、かれら相互の関係はきわめて分かりづらい。そこで、入り組んだ人脈をときほごすため森浩一『記紀の考古学』その他の本から該当する名前を拾いだして「図序―2　上山神社に関わる天皇家」を作成する。そこには四世紀に在位した景行にはじまり仲哀、応神の天皇と皇后、そして倭建が並ぶ。

この系図をながめているうちに池造り神話の主役、大足仲彦の名がみえないことに気づく。意外な事実に考えあぐねていたが、ある日、倭建の父である「大足彦」と子の「足仲彦」の二人を合わせると、「大足仲彦」ができあがることを発見した。誤って書き写したのか、それとも古事記、日本書紀以外の文献に「大足仲彦」が存在するのだろうか。

池造り神話には、そのほかいくつもの疑問がふくまれている。天皇または倭建が中国山地の上山まで出向いたこと、そして大芦池を造ったことはどの文献に記されているのだろうか。また、一九一〇年代に書かれた由緒書二点によると築造者は男神一人であったが、戦後の『上山風土記』になるとなぜか男女二柱に変わっている。

大足仲彦をはじめ、開発神話には論証を伴わない点が多く、まことにアヤウイ話である。

「月の輪」豪族と仏教徒

大芦池の築造者と年代を特定することは、きわめて困難だ。というのは、ある時代に溜池が一挙に完成したとは思えないからである。

弥生時代のころであろうか、沼沢状態の大芦高原の南側に奥池（現在観光池）があり、上山の稲作は最初その水をひいていた。水田が少しずつふえるにつれて高原北方の谷を堰きとめ、大芦池の原型ができあがる。その後土手を築いたり、樋を据えつけるなどして本格的な溜池へ進化する、あるいは損壊したあと大幅に修繕するなど、溜池の歴史は紆余曲折をへて現在に至ったと考えられる。

築造と改修をとわず本格的な土木工事は、知識と経験をそなえた外来者の力をまち、多くの労働者を集めるリーダーを必要としていた。そうした条件にかなうのは、古代において月の輪古墳を築いた豪族と仏教徒の社会事業があげられよう。

月の輪古墳は、岡山大学名誉教授・近藤義郎の『月の輪古墳』によると築造の年代が四世紀ないし五世紀初めであり、その勢力圏を意味する「月の輪地域」は吉井川と吉野川との合流地点を中心とし、柵原町、英田町の大部分、吉井町の北東部などの一帯だという。したがって、英田町上山は月の輪圏内かあるいは隣接地にあり、吉備国《きびのくに》の主権につながる豪族の影響をうけていた公算が大きい。大型古墳をつくった力量から推して、この勢力が大芦池を築造することは容易であった。

つぎに、仏教徒による溜池造りは八世紀の行基、九世紀における空海らの活躍によって全国的に知られている。当時の僧侶はすぐれた知識と視野の広さをそなえ、ひろく社会事業にたずさわった。その点から推して、上山では地元の妙徳寺、あるいはむらを訪れた僧侶がひと役買ったとも考えられる。妙徳寺は六世紀末から七世紀前半のころ僧智春が開基し、平安時代に空海によって真言宗へ改宗したと伝えられる。また、八世紀前半に英田町内の長福寺、柵原の本山寺など山地の寺院とともに創建されたとの見方がある。寺の歴史はいまひとつ明らかでないが、古代において僧侶が土木事業に取り組んだ可能性は否定できない。それに関連して、「弘法大師が大芦池を造った、と聞いたことがある」と語る人もおり、空海信仰伝説のひとつとして印象的だった。

大芦池の改修は、五世紀から九世紀のあいだ、何度か繰り返されたことであろう。

Ⅰ部　むらと家ができる時代

墓地と野山をあるく

戦国時代やその少し前の室町時代になっても、残念なことに庶民について詳しいことはわからない。ただ一つ言えることは、この時代、普通の人々の暮らしの拠《よ》り所として町や村といった単位が形作られ、そこを拠点にした暮らしが、世代を越えて続いていくようになったということである。勝俣鎮夫氏は、それを「村町制」の成立と呼んでいる。荘園が政治や経済の単位であった荘園制の時代から、荘園に代わって村や町が、政治や経済の単位となった時代という意味である。そして村や町といえば、高度経済成長期以前の多くの人々の暮らしはこの単位のなかで営まれていた。だから、つい最近に至るまでの生活の枠組みが、室町時代から戦国時代にかけてのこの時期にできあがってきたといえるのである。

久留島典子『一揆と戦国大名』

1章　中世、上山は渋谷領だった　『入来文書』の世界

一、権現様はだれを祀ったか

権現様の言い伝え

生家から急な坂道を二、三〇メートルも登ると、段々畑のあいだに風変りな光景がひらけていた。畑のあいだに直径三メートルぐらいだったか、風化した石を積み上げた塚の上に、いまにも崩れそうな小さな祠《ほこら》がおかれている。その周りには丸い置き石やたたき割ったような自然石がならび、全体に人手をかけた様子は見受けられない。塚の前方に建つ石灯籠に「元禄十二年」と刻まれた文字がかろうじて読める。

毎年、梅雨明けの季節になると赤い木いちごがたわわに実り、子どもたちを惹きつけるのだった。むらの人たちはこの塚を権現様と呼び、周辺に住むゴノカミの四、五軒で年に一度酒食を供え、神主に拝んでもらうのを慣わしとしていた。

権現様には落武者が埋められていると、わたしは幼少のころ聞いた記憶がある。語り手はたしか年

のはなれた姉だったが、その素性にふれることはなかった。数ある口承のひとつは、隣の佐伯町にあった天神山城から落ち延びてきた八人の侍が、力尽きて倒れたのを供養した塚だという。しかし考えてみると、したたかな戦国時代の侍が怪我やひもじさ程度でこぞって自死するとは考えにくい。そのほか平家の落人や関ヶ原崩れの浪人者とする説もあるが、これまたあやうい話である。

権現様が祀られた年代は、石灯籠に刻まれている元禄年間以前、さらにしぼると上山で最初の個人墓がつくられたのが一六世紀半ば（2章一節参照）であるから、それよりも古そうだ。

五輪塔の下に骨壺

一九六〇年代末のころ、農道を通す工事がはじまり、権現様を数十メートル離れた場所へ移すことになった。ゴノカミの人が立ち会って掘り起こすと、骨らしいものが入った大小二つのかめが現れた。かめは県南地方で昔からつくられている伊部焼《いんべやき》だ（現在は備前焼という）。工事のあいだ野積みにしておくわけにいかず隣家の老人に預けたところ、後日盗まれたと言い結局かめは行方知れずとなった。移設後の権現様は、コンクリートの祠を据えつけ、周りを五輪塔をかたどった石積みと墓標らしい自然石で囲んである。

ゴノカミから急坂を五分ほど登った旧八伏の集落に、高さ六〇センチばかりの五輪塔が数基ある。農道新設時に移動したところ、ここでも同じような骨壺が出てきた（どこで聞きつけたのか、かめを買いたいと言って訪れた人間がいたという）。

備前焼の骨壺で埋葬する例は、上山の二箇所にとどまらない。英田町南の渋谷氏の墓地では一九八〇年代と九〇年ごろの二度にわたって盗掘された。備前焼の壺が奪われ、辺り一面に白骨が散乱していたと当主の青山さんは語っている。

五輪塔は、物質の基本とされる地、水、火、風、空をあらわす球形や笠状など五つの石形を重ねた

写真 1—1　ゴノカミの権現様（移設後）

写真 1—2　畑の片隅にある八伏の五輪塔

墓で、一二世紀半ばから貴族階級のあいだにひろがった。地域や年代ごとに普及の程度はちがうものの、しだいに鎌倉武士に受けつがれ、鎌倉時代の中・後期、すなわち一三世紀から一四世紀前半にかけて最盛期をむかえたといわれる。

ゴノカミ(権守)という集落

上山の奥谷川に面した東側のやや平らな土地は、水利と日照に恵まれ、通称広田といわれる水田だ。広田から山のほうへ向かって行った辺りをゴノカミ（権ノ守、権頭、権の上、五の上）と呼んでいた。八伏地域の下側四、五軒を指すゴノカミは、昔上山の中心地であった。明治時代に上山村の戸長（村長）役場があり、昭和の初めまでは小学校がおかれていた。学校の場所は登記簿に古屋敷という地名で載っていることから推して、古くは地位の高い人物が住んでいたと考えられる。

ゴノカミの歴史を彷彿とさせるのが、天藤《てんとう》さんの家屋敷である（この珍しい名字は何に由来するのだろうか）。母屋は中二階建てで、三間下がりの座敷と土間をへだてた作業場とからなり、上山の農家としてはひと回り大きい。敷地は前方と後方に石垣を組んで土留めをほどこし、母屋を取り囲む門《かど》（庭）もまた余裕のある広々とした造りだ。蔵より一段下がったところには屋敷神が祀ってあった。旧家と思われるが由緒は不明。

ところで、権現様はゴノカミの外れ、天藤さんの畑のあいだに位置している。常識的に考えると、祀られているのは天藤さんの先祖か、ゆかりの一族の家系であろう。

渋谷一族の墓地

権現とは人びとを救うために仮の姿で現れた神のことだと辞書にある。ゴノカミの権現様はその名にふさわしい人物を供養するため一四、五世紀のころ造られた墓地であろう。その条件にかなう埋葬者は、上山を所領として支配した渋谷一族をおいてほかに見当たらない。

ここで登場するのが「渋谷権之丞」である。江戸時代に編纂された『東作誌』に「神田村城尾の城主渋谷権之允国重と云名も古城記に見えたり」とあり、また「城尾城主渋谷権之丞元春」の名前が英田町歴史民俗資料館所蔵の青山家系図に載っている。権之丞が天藤家の辺りに住んでいたので、その事実にあやかり地元では地名、あるいは住まいの屋号をいつしかゴノカミ（権守）と呼び慣わすようになったのであろう。なお、「権之ジョウ」の「丞」と「允」、および「尉」などはいずれも同じ官位をあらわす漢字である。

時代はくだって、一族の末裔と見なされるのがウメやんこと渋谷梅吉である。かれは幕末に村役人であった岩崎正平と隣合わせで八伏に住んでいたが大正六年に没し、跡取りがおらず家系が絶えた。前述の八伏・五輪塔は岩崎家の門口に近く、梅吉の先祖である渋谷姓の人びとを葬ったとも考えられる。

河会郷の五輪塔

河会川のほとり、英田町大字南にある五輪塔群は、渋谷一族の墓所として著名であり、古くは『東

写真 1—3　渋谷一族の五輪塔群（英田町南）

作誌』に紹介されている。

地元に住む安東圭子さんの案内で現地を訪れると、野中の七メートル四方の区画に、五列に配置した二十七基の五輪塔が密集し、壮観だった。高さ一・三メートルくらいのやや大型の四基以外は一メートル未満の小型塔で、長い年月のあいだに逐次製作したらしく、形や仕上げの精度はまちまちだ。梵字が刻まれた石塔もあるが、それ以外の文字情報は見られない。渋谷一族の初代・定心が河会郷にいたのは一三世紀半ばまでであり、五輪塔の建立はそれ以降にはじまったものである。いみじくも全国的な五輪塔最盛期と符合する。

この五輪塔墓地とゴノカミの権現様とは備前焼の骨壺、そして中世後期の産物という点で共通している。権現様が渋谷一族の墓地であることの傍証になるだろう。

上山にはゴノカミ、八伏のほかにも五輪塔がある。なかでも妙徳寺入口の林のなかにあるものが代表的だ。

二〇〇一年に、小学校同級生のモッちゃんこと丸山基さんの案内で出かけ、散乱している墓石を寄せ集めたところ高さ五〇ないし八〇センチの塔十五基を確認する。腕のよい石工がつくったのか、形がととのっていて美しい石塔だった。

現在、本堂わきにのこっている住職墓地は江戸中期以後のもので、林のなかの五輪塔はそれより古い。場所柄から推して僧侶の墓地かもしれない。

そのほか小型五輪塔は薬師堂にいまも二基が祀られており、西谷川上流の丈の屾《たわ》にもあったという。

二、分割から統合へ　渋谷氏の相続

中世を伝える『入来文書』

上山について書かれた現存する文献では、鎌倉時代のものがもっとも古い。河会郷《かわいごう》（英田町の大部分）を領していた渋谷一族の文書、『入来文書《いりきもんじょ》』が一三世紀から一五世紀にかけての上山の姿を伝えている。

相模国の御家人渋谷定心《じょうしん》は一三世紀前半のころ河会郷で地頭職についていたが、三浦氏反乱時の軍功によって薩摩国（鹿児島県）北部の地頭に任ぜられ下向する。かれは一族の他系統と区別するため移住先の地名にちなんで入来院氏を名乗った（河会郷は支領となる）。

入来院氏その他の史料は、一九二五（大正一四）年米国エール大学教授朝河貫一によって英文で刊行される。その後、日本語版は朝河貫一著書刊行委員会が改訂増補したうえ、『入来文書』と題して一九五五（昭和三〇）年に日本学術振興会から発行された。

この本はいまふうに生業と暮らしを記録したものではなく、歴代領主の土地相続を示す「譲状《ゆずりじょう》」や「置文《おきぶみ》」といった史料を数多く収録している。地名や境界、農地面積などの基礎的な事柄が中世のむらの状態をしのばせ、また現代と対比する楽しみをもたらす。以下、この節では『入来文書』をもとにして上山の有様をたどりたい。

河会郷の分割相続

上山関係のもっとも古い記事は、渋谷定心が相続について息子たちへあてた「渋谷定心置文」で、一二四五（寛元三）年と一二五〇（建長二）年の二度作成されている。

置文は総領の三郎明重にたいして全所領の三分の一以上、河会郷では半ばをこえる十七町四反を譲り、一族が末代まで宗家を盛り立ててゆくよう強調している。河会郷における弟たちへの配分は、四郎重経へ二町三反、五郎重賢四町歩で、二人の所領は河会川の上流、通称十町谷周辺にあった。のこる次郎三郎重純分七町五反の所在地は未詳。個人別の相続地は表1―1のとおりである。

表 1—1　河会郷における渋谷四兄弟の所領

個人別の所領	うち河会郷分		参考・江戸時代初めの	
	反別／地域	換算値	該当地	反　別
三郎明重	17 町 4 反	20 町 9 反		
48 町 1 反	下森		奥村	11 町 7 反
	上山宮西		上山村西谷	17 町 1 反 − α
	大足村・東木屋		上山村大芦	
	(本郷下村西方)		福本村	12 町 1 反
	(上山下村・本郷中村を併合)			
四郎重経	2 町 3 反	2 町 8 反	北村・(小井原村)	3 町 7 反
31 町 4 反	十町村河北			
五郎重賢	4 町 0 反	4 町 8 反	横川村・宮地村	13 町 8 反
22 町 7 反	亀石・土師谷		横尾村・南村	
次郎三郎重純	7 町 5 反	9 町 0 反		
20 町 9 反	(上山奥谷)		上山村奥谷	α
	(上山渕尾)		上山村渕尾	2 町 6 反
	(上山下村)		こぼき村・矢野原村	8 町 0 反
	(本郷中村)		神田村・(香合村)	12 町 0 反
六郎次郎ほか	—	—		
10 町 2 反				
計 131 町 6 反	31 町 2 反	37 町 4 反		80 町 9 反

注 1. 所領の反別は 1250 年の渋谷定心置文による。　2. 中世の 1 反は 360 坪計算だったので、300 坪 1 反に換算した値を併記した。　3.「江戸時代初めの反別」は、『東作誌』における本田分の「田」の面積である。　4.（　）内に収めた地名は推定。

「上山宮西」とはどこか

『入来文書』のなかで、上山の地名が登場するのは定心置文より後のことである。三郎明重は、一二六五（文永二）年に有重へあてた譲状に「美作国河会郷内下森自《より》上山宮西」をあげており、また別の箇所で「河会郷内大足村并東木屋」の地名を記している。譲状とは譲渡者が生前に譲渡を受けるものの氏名、対象物件、年月日などを明記した譲与証明書で、平安時代から作成されるが、室町時代中期以降は少なくなった。入来院家における上山関係の譲状は、一五世紀末に十代目重豊が認めたのが最後である。

上山宮西と併記されている下森は、吉野川と上山山地とにはさまれ、江戸時代初めに奥村と改称した地域である。一方、上山宮西という地名は現存しておらず、古老にも心あたりがないとあって、長いあいだ地域を特定できなかった。たまたま開いた『入来文書』英語版で westward from Kami-yama temple の字句を発見することで、難問は一挙に解決した。宮西は上山神社の西側を指し、西谷川西岸の金合、中組、空および坊の一部からなる、通称西谷と呼ばれる地域のことである。

譲状では譲与地「下森自上山宮西」のつぎに、その「四至」を掲げている。四至とは所領の東西南北の境界であるが、当時は村の境が定かでなかったため、とくにその明示が必要であった。

四至　東限草野谷西尾通〈自今路宮尾トヲリ大足へ〉　南限備前堺
　　　西限佐備塔毛〈谷之流お切湯河へ〉　北限飯岡堺

この文面を現代の地名に置き換えて読み解くと、おおよそつぎのようになる。

東は、福本と天神のあいだにある庚申谷（旧名草野谷）の西側尾根を通って上山へ達し、金合の下手から尾根を伝って上山神社のある宮尾へ、そしてさらに大芦へ登る。南限は備前（現在の佐伯町）との境。西の境は奥と備前奥塩田をむすぶ佐（作）備峠から湯郷温泉のお湯が流れ込む吉野川へ至り、北限は柵原町飯岡との境。

図 1—1　明重領の境界を示す四至

表 1—2　明重系統の相続地（上山関係）

譲渡者	年	相続人	相続地
定心	1250	明重	河会郷 17 町 4 反
明重	1263	静重	大足村并東木屋
	1265	有重	下森自上山宮西
有重	1280	重基	下森自上山宮西
重基	1346	重勝	下森上山村
重勝	1349	重門	下森上山大足
重門	1371	重頼	〃
重頼	1406	重長	〃
重長	1423	重茂	〃
	1441	重豊	〃
重豊	1490	重聡	〃

注.『入来文書』の譲状による。

明重は上山で宮西のほか「大足村并東木屋」を領有していた。いったん庶子静重へ与えるが一代限りで宗家へ返却される。大足村（現在の大芦）は上山の水田をうるおす大芦池をかかえており、また古刹妙徳寺の所在地として早くから開けていた。

木屋は『入来文書』ではKOYAと記されているから、大芦の西北で、上山へくだりはじめる小屋坂付近であろう。かつては椀や盆などをつくる木地師が住んでいたと伝えられる。

先進的な稲作地帯

上山宮西は奥村と峠でへだてられているものの距離が近く、往き来しやすい。ともに昔から水田稲作がすすみ、領主にとって魅力ある土地だった。現代では信じがたいことだが、当時は治水灌漑の技術が確立していないため、吉野川や河会川の流域はしばしば洪水と渇水に見舞われる。したがって、水田は山あいの傾斜地に多かったのである。

奥地域はゆるやかな段丘からなり、谷川の水を田んぼに引くことができたし、宮西の棚田は大芦池とそれをうける西谷川の水に恵まれていた。

河会郷全体のなかで、両地域の水田は十七町四反と半ばをこえており、穀倉地帯とみなされていた。この反別を江戸時代の三百坪一反に換算すると二十町九反になる。

では、宮西および大足村にはどれくらいの水田があったのか。史料がなく正確なところは分からないが、奥村との地形および広さ、そして江戸初期の反別を比較勘案すると宮西プラス大足の面積がやや上回っていたもようだ。およその目安としては、二十町九反のうち十二町歩前後といったところだろうか。

所属不明の奥谷地域

上山地区の中央を南北にはしる尾根の東側、奥谷地域は明重領の四至（境界）の外におかれていた。四至の線引きによって、上山は西と東に分断されていたのである（図1—1参照）。思うに東の地域は宮西にくらべて水利に恵まれず、人家と農地が少なかったせいだろう。この奥谷とその東側の渕尾の帰属について『入来文書』はふれておらず、上山の北方にあるこぼき、矢野原などについても同様である。

これらの地域はだれが領有したのか。重経、重賢は十町谷を割り振られたので対象からは外れる。残るのは次郎三郎重純であるが、関連記事は見当たらない。消息がとだえたのは、かれが正妻の子でなく「他腹」であることが影響し、さらに三代目という早い時期に家系が消滅した（「入来院氏系図」）ことに起因するのであろうか。

ところで、この件にかかわる興味ぶかい史料がある。定心の置文から約三十年後に明重の末亡人寿阿が認めた文書である。

渋谷明重後家尼寿阿置文案

「尼《(端裏書)》寿阿置文案取要 弘安十正十一 正応元十月　日平四郎入道跡」
平四郎入道《(渋谷有重)》之あとのそりやう御公事等はいふんおき文の事
一河会郷内本郷中村・上山下村
　公田四丁八段大十九歩内
平次入道《(公重)》　一丁一反三百十分
せうくわん房《(性　観)》　一丁三百九分
おくのこせん《(重高)》　一丁二反
たきのこせん　一丁四反

寿阿の置文は、弘安の役で戦死した平四郎有重の持ち分本郷中村、上山下村の四町九反を息子の公重ら四人に配分するという内容である。女性の権限が大きかった時代とはいえ、当主の譲状にもとづいた相続ではなく、宗家の未亡人が執り行うのは一見異例の措置にみえる。

重基、上山地域を統合

本郷中村、上山下村の譲渡には奇妙な点がある。有重は自らの持ち分であるにもかかわらず譲状ではふれておらず、またかれの戦死から寿阿の配分までなぜか七年もの長年月をかけている。正式のルールにのっとった処理とはいえず、何らかの事情がひそんでいたと考えられる。

入り組んだこの出来ごとを解きほぐすのは容易ではないが、二つの村が所領不明の次郎三郎重純分であったと仮定してはどうだろうか。有重は家系のたえた元重純領を支配下におくものの、処理を明示しないまま戦死する。入来院家は支領河会郷の懸案にまで手が回らず、代わって女性とはいえ発言権のつよい寿阿が乗りだした、とみることもできよう。

二つの村の約五町歩と明重領から外れた奥谷、渕尾を合わせると、七町五反の重純相続高にほぼ見合う広さだ。したがって、これらの地域が重純領であった可能性が大きい（表1―1参照）。

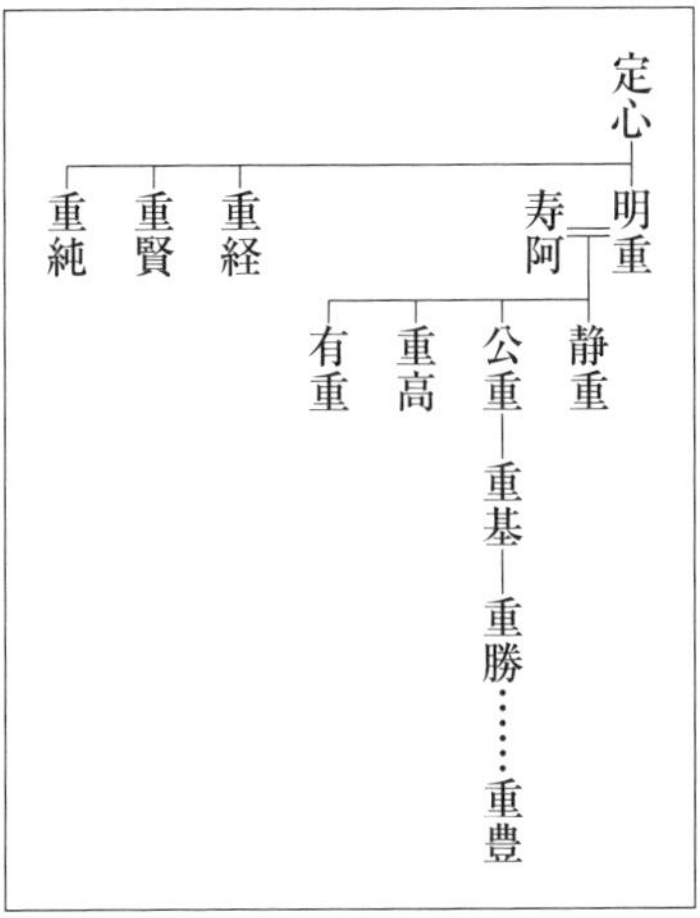

図1―2　渋谷定心以後の略系図

次の領主重基は有重からの譲与および公重の遺領を引きつぎ（「入来院氏系図」による）、上山全域とその他の元重純領を傘下におさめた。宮西と奥谷その他とに分断されていた上山が重基の時代になってようやく統合されたわけである。

重基は所領の拡大という新しい事態をふまえて、重勝にたいする譲状に「下森上山村」と認めた。管見するところ上山村の名称を用いた最初のケースで、時代は一四世紀半ばのことである。上山下村その他をふくむと思われるが、領域は未詳。なお、『入来文書』に上山村という村名をその後見うけることはない。

渋谷氏の衰退

重勝以後の歴代譲状で、相続地は「上山村」から「上山大足」へと改まり一五世紀末までくり返される。またこの間、上山についての記事はとだえる。時はすでに戦国時代をむかえており、薩摩の入来院宗家は遠くはなれた支領のことを構う余裕を失っていた。

それを裏づけるひとつは、河会郷においては城尾城主の渋谷権之丞元春が尼子勢の進攻に敗れ自害してはてたという英田町北の青山家文書である。この文書が記す享禄二年（一五二九）という年次その他に不審な点をみうけるものの、この出来ごとを境に渋谷一族の凋落がすすんだことは明らかだ。

つぎに、東備前を地盤とした浦上氏の村宗、宗景父子の上山進出である。「大永五年〔一五二五〕一月五日領主浦上村宗は赤松政村と戦い戦捷祈念満願の為〔上山神社の〕社殿を再建し」と「赤木道子家文書」は記し、村宗が一六世紀初期に上山を支配下においていたことを示している。また天神山城主の宗景は、2章で述べるように高原四郎兵衛へ上山村をあてがうわけだから、三〇年代に上山を掌握していたことは確かだ。

一六世紀になると情勢の変化がはげしく、渋谷氏が上山の表舞台へ登場することはなくなっていった。

三、「上山村」の始まり

「上山下村」を特定する

一三世紀末の寿阿置文に取り上げられた本郷中村、上山下村は、以後文献のうえで見かけることはない。幻ときえたその地域を特定しようとすると、前者はかいもく見当がつかぬものの、後者上山下村は川下の方角に狙いをさだめることができる。

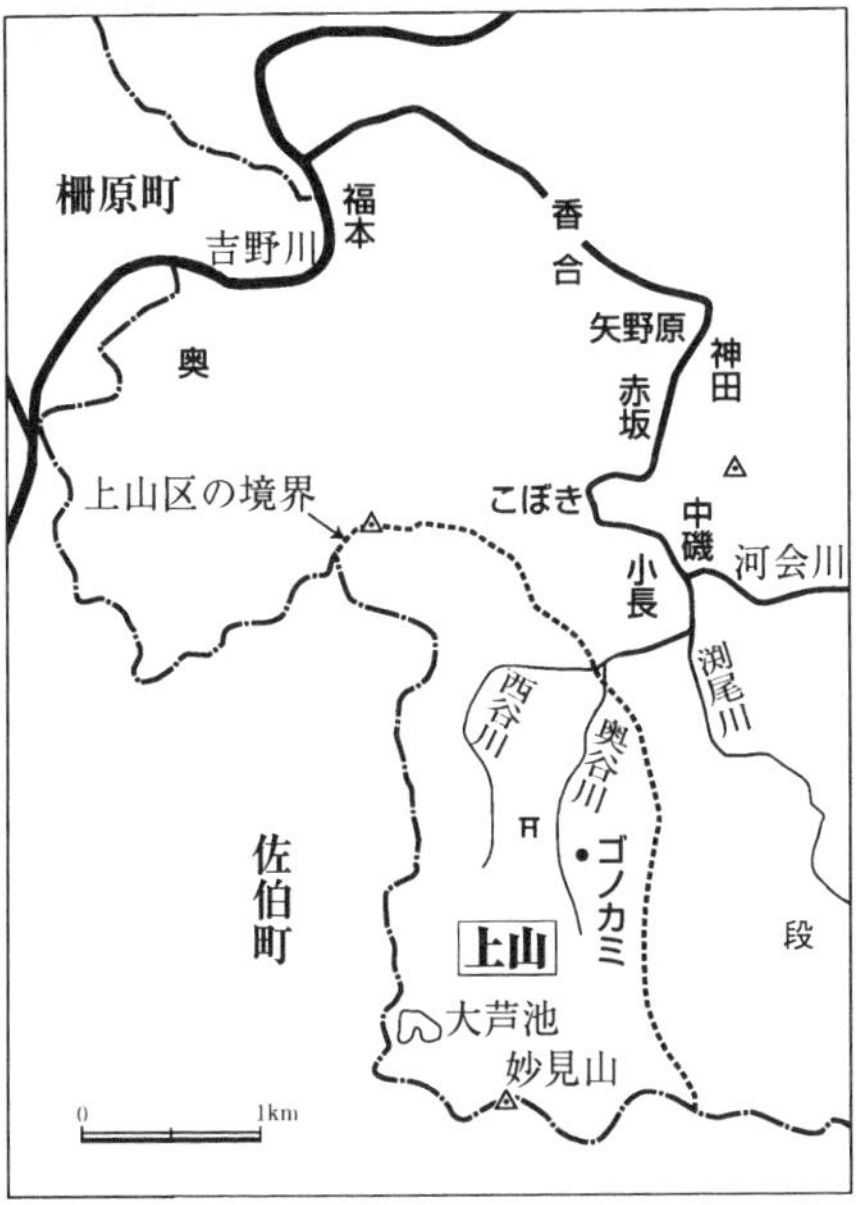

図 1—3　上山と川下の集落

現在、西谷川沿いに整備された県道を下ると大見谷までが上山地区で、その先は中川地区となり、ほどなく河会川に到達する。河会川の左岸、つまり上山側の川畔には小長、小峘《こぼき》、赤坂、矢野原と集落が点在し、右岸には合流地点の中磯、少し距離をおいた川下に神田がある。

上山の川下に住む農家は、中世には

じまり二〇世紀に至るまで大芦の池水をつかって米をつくり、また上山地区へ入作に出かけていた。いまでは利用する人はいないが、昔は山越えの道をとおって、上山と往き来していた。このように河会川左岸の四つの集落は、上山と経済的につよくむすばれていて、「上山下村」と呼ばれたのであろう（右岸の中磯も上山村に属した時代がある）。

上山下村のありかに関連して、こぼき、赤坂、矢野原の三村が惣村上山村にふくまれていたと「赤木道子家文書」は伝えており（六〇ページ参照）、また上山村に属していたこぼき村がやがて独立したと『東作誌』は述べている。いずれも上山下村の所在をめぐる有力な傍証といえよう。

本郷中村のいわれ

つぎに本郷中村。上山下村に近い地域といえば、河会川対岸の中磯から神田にかけての集落が候補にあがる。しかし、近辺に本郷という地名はなく、古老にも知る人はいない。調査に手間どっていたが、ふとしたきっかけから目処がついた。宮本常一「郷の残存」との出会いである。

……郷の場合にはその中に本郷といわれる地域がある。それは古くから郷として開発せられていた地域と見られるのである。そしてその中心をなすところの集落の地名が郷全体の名になっていったのではないかと思われる。たとえば武蔵の本郷の中心をもとは武蔵といったが、のちにその武蔵をとって郷名としたとき、武蔵郷の武蔵とよばず、武蔵郷の本郷といったものと考える。

引用文によると、もとの地名が本郷へ変わるわけだから、本郷という地名が全国各地に存在してもおかしくない。この論理を借りて本郷中村の場所をさぐるためには、まず元来の「河会」地域を特定しなければなるまい。

上山川と渕尾川、そして河会川が中磯で合流するので、元もとはこの辺りを河会と呼んだのではないだろうか（図1―3参照）。後年、河会郷が成立したとき、河会郷の河会といわず、本郷に改称したと推測するのだが――。

ところで、村名が本郷村でなく本郷中村となっているのはなぜなのか。あらためて地図をながめると、中磯は美作と播磨にくわえ備前に通じる交通の要衝であり、背後の山地には真木山の寺院群、渋谷氏の城尾城といった史跡がある。したがって、この地域における中枢として本郷中村と命名したのであろう。その領域は中磯から神田にかけての河会川右岸一帯にまたがっていたと思われる。

なお、『入来文書』にみえる「本郷下村西方」は江戸時代にいう福本村を指している。

「上山村」の呼称と歴史

上山村という村名は、前述したとおり一四世紀半ばの入来院重基の譲状にはじめて登場する。この時代の上山村には五つの地名が記録されているが、うち大足村と上山下村は村のなかに村があるという二重構造をかたちづくっていた。そのほか村名を名乗らない上山宮西、東木屋、宮尾があげられており、地名の付け方はさまざまであった。上山村の呼び名は領主側の命名によるものか、あるいはそれ以前から地元で言い慣わしていたのだろうか。その間の事情は不明というほかない。

その後、上山村の文字に出会うのは後世の「高原氏先祖書」である。この文書は、高原氏が「上山村二十町」を浦上氏より受領したとする、一六〇〇年ごろの重郎左衛門の書付けにもとづいている。

近世になると、津山藩森家が実施した一六〇八（慶長一三）年の検地記録にみられ、以後三百年近くにわたってこの村名が定着した。上山村の構成に言及した箇所を「赤木道子家文書」から転載する。

上山東谷分
ころ木村
奥ニ右ニ村《ママ》とありて慶長十三年九月吉日の奥書あり
かうげ谷村　大あし村　と（こ）さか村　といさか村《ママ》　ふちお村　屋の原村　あかさか村
奥ニ右七村分とあり
右二冊慶長十三年の検地帳也　此時迄九ケ村　惣名上山村にてありしもの也
此時迄ハ右の小岄村矢ノ《ママ》原村ハ上山村なりし事明了也

この時点で上山村は中世の混然とした状態が一変し、小規模の九か村が整然と並んでいる。すなわち、①大字上山に現存する地名の大あし村、ふちお村、②後年上山村から分離するこぼき、矢野原、赤坂の三か村、③その他所在地の範囲が明らかでないころ木村、かうげ谷村、と（こ）さか村、といさかさ村の四か村である。

上山村は「惣」であった

引用文中で目をひくのは「惣名上山村」という文字だ。それは上山村が九か村を束ねる「惣」であったことを意味する。

中世の上山村は、米作りのために溜池の保守と水の配分を大事な仕事として取り組んできた。水利以外にも寺社の補修その他の事業があり、それを扱う村々の連合体が惣であったと考えられる。参考までに惣の概要について高校教科書から引用する。

> 南北朝から室町時代には、村人の自治的なあつまりとして惣（惣村）が確立された。惣は、畿内や周辺地域に早くからみられ、地方にもひろまった。村人は、精神的なよりどころである鎮守などにあつまって寄合をひらき、山野や用水の共同利用の方法を語りあい、村人の生活規範である村掟（惣掟）を定めた。鎮守の祭祀を順番でおこなう祭祀集団（宮座）もつくられた。惣の寄合では、荘園領主に対する年貢減免や、不法な代官の交代要求なども話しあわれ、一味同心して強訴や逃散などをおこなうこともあった。
>
> 『精選日本史B』

2章　過渡期としての16世紀㈠　領主・高原氏の定住

一、上山最古の墓

上山における原初的な墓は、数か所の五輪塔墓地であった。しかし、これら五輪塔はいずれも無銘であって、埋葬された個人を特定することができない。埋葬者の素性が明らかになるのは、五輪塔が建てられた室町時代より後のことで、戦国時代も最中《さなか》をすぎてからだ。

小山にある松原サン

西谷川と奥谷川にはさまれた北の端に小山《こやま》、後迫《うしろざこ》の二つの集落が寄りそっている。合わせて十戸ばかり。小山の西側にはなだらかな尾根が延びていて、その一角に小さな祠が祀られている。祠へ通じる山道の入口には、「高原四郎兵衛則久公墓所」と刻んだ、あまり歳月をへていない石柱がいかめしい。灌木を数十メートルかきわけてすすむと、コンクリート製の祠と記念碑がならんでいる。「高原四郎兵衛則久公記念碑」と記した裏側には「昭和五十三年九月二十五日／則久公戦没四百三十年の忌日／高原先祖顕彰会」の文字がみえる。逆算すると、高原四郎兵衛が討死したのは戦国時代の一五四八年のことであった。祠の後ろ側には、小高く積まれた石のうえに、役割をおえた木製の古い祠がのっかっていた。

写真 2―1　高原四郎兵衛を祀った松原明神

高原先祖顕彰会は、岡山県東部に住む四郎兵衛末裔の高原姓の人たちがつどい、祠と記念碑を設置した。併せて、各家に伝わる資料をもとにつくった、七編の系図を収める小冊子『劔花菱の余香』を刊行している（書名中の「劔花菱」は高原一族の家紋を指す）。なお、本書で取り上げる一族の人名および家系の多くは、この冊子によった。

四郎兵衛の子孫にあたる高原弘さんをはじめ小山・後逧の人たちは、この祠を松原サンと呼び、祖神として年一回供養している。この名称は、松の木を目印にして四郎兵衛の亡骸を葬ったと「高原氏先祖書」が記す故事にちなんだものらしい。現在、各地の高原家系図には松原明神と載っているが、当初はこのように改まった名称ではなかったであろう。

神様に格上げされたため墓石はないが、上山の個人墓としてはもっとも古い。

松原サンからほど遠からぬ山中に、杉森明神と呼ばれる小祠があった。四郎兵衛の兄・高原堂満三郎右衛門を祀ったものだという。一九〇五（明治三八）年に、岡の高原家の手によって上山神社にうつされ、杉森神社名で拝殿わきに合祀された。

もうひとつの松原権現

一九七〇年代初めのことである。千葉県から上山の地を訪れた高原金雄（一九〇五〜九一年）は、生家の墓地に祀られている祠と松原明神とが同じであることに一驚した。小山の高原家とのあいだで、先祖として高原四郎兵衛を共有している事実を目の当たりにしたからである。

かれは若くして佐伯町北山方の生家をはなれ東京へ出たが、祖先の供養と故郷によせる想いは人一倍つよく、機会あるごとにルーツ探しの旅をつづけていた。現在、書き遺した文章のたぐいは見当たらないが、遺族のもとには丹念に整理したアルバム数冊が保存されている。そのなかに松原明神を訪ねるより約二十年も前、第二次大戦中に北山方へ墓詣でをしたさいの、色あせた祠の写真が貼ってある。そのわきにそえ書きをのこしている。

「松原権現／祖を祭る／高原四郎兵衛藤原則久／おくつき」

おくつきとは墓のことである。四郎兵衛の墓が上山と北山方の二か所に存在することは、「高原氏先祖書」にいう「上山村二十町北山方村八町…領知頂戴」の記録を裏づけている。高原氏が美作と備前の二国にまたがる小さな領主だったことの証といえよう。

アルバムには、北山方の素戔鳴神社に建てられた、高原新三郎を祀る八王子権現、金雄の父団治が各地の高原氏へ呼びかけて寄進した玉垣など、高原氏ゆかりの施設をみることができる。

高原金雄が上山へ行ったのは、総合商社兼松がゴルフ場を造成するために墓地の立ち退きを余儀なくされたからであった。かれは妹や息子とともに帰郷し、墓地の移転と同時に松原権現の祠をコンクリート製に造り直して、屋敷跡（北山方二五〇八番地）へ建立した。しかし現在、宅地の一帯は竹藪が生い茂り、荒地となって祠を確認するすべもない。

なお、高原金雄は筆者にとって年上の従兄弟であることをつけ加えておく。

写真 2—2　北山方にあった松原権現
（1943 年頃撮影）

高原重郎左衛門の墓

舞台はふたたび小山へかえる。集落から尾根のほうへ少し登ったところの段々畑のあいだに碑が建っている。傾斜地の下手を石垣でかためた二、三坪の平らな場所にあり、碑の高さは一メートルばかりでさほど大きいともいえぬが、ふしぎなほど安定感にみちている。

近づいてみると、正面にただ一行「高原十郎左

写真 2—3　高原重郎左衛門の墓

衛門兼里之墓」と墓碑銘が刻んであり、祠を祀る松原サンとちがって、れっきとした墓である。ただし、死んだときの年齢や年代の情報はなく、建立の時期も不明だ。

「十郎左衛門」は、前記四郎兵衛則久の次男とされている。かれは戦国時代から近世初頭にかけての転換期に武士をすて、生涯上山に定住して地域社会の中心に位置した人物である。かれの名前は幾通りもあるが、小山の高原家系図にしたがって以下「重郎左衛門兼亮」とする。

重郎左衛門の墓は後世、岡の高原家が建てたと思われる。その理由は同家が年一、二回の供養を欠かさないことにくわえて、分家してのち代々庄屋をつとめた子孫として、むらの先達である重郎左衛門を顕彰する立場にあったからだ。

高原四郎兵衛と重郎左衛門が没したのは、一六世紀半ばと一七世紀の初めのころである。その中間の一六世紀後半に堂満三郎右衛門がおり、上山では高原氏初期の功労者三名の墓をかぞえることができる。当初の墳墓の形は分かっていないが、上山における個人墓の始まりである。庶民の墓に先行した高原家先祖の墓は、村びととの立場の違いを示す小領主のステータス・シンボル（高い身分の象徴）である。

「先祖書」が伝える史実

高原氏の上山定住後の歴史を記した文書に「高原氏先祖書」がある。『英田郡誌』は慶長十年（一六〇五）および元禄三年（一六九〇）の日付が入った先祖書を掲載、二点とも高原彦治氏所蔵としている。

慶長十年分は高原重郎左衛門がその年に認めた文書を、子孫の亦左衛門らが北山方村の仁右衛門のもとで書き写したもの。作成の年代は、家系図から推定すると重郎左衛門の没後まもない一七世紀半ばであろうか。執筆者本人が生きた時代をつづったものだけに概して信憑性は高い（以下、「慶長先祖書」と略）。

これにたいし元禄三年分は長兵衛ら兄弟が大庄屋あてに提出したもので、重郎左衛門の死後八十年ほどたっている。長い歳月をへるにつれ史実が歪められることは避けがたい。たとえば、一六〇〇年前後に庄屋代官をつとめた重郎左衛門が、一五七九年の三星城合戦で討死したとの珍説を生んでいる。

つぎに、慶長先祖書から上山関係の部分を抜粋する（文中の改行は引用者）。

高原氏先祖書（巻物）

一、高原四郎中者人皇第百七代正親町院御宇将軍平信長公御代　備前国天神山之城主浦上遠江守宗景公相勤作州上山村二十町備前国北山方村八町都合二十八町分領知頂戴　然所備前国善応寺合戦之砌彼四郎討死　則死骸作州英田郡右之領所上山村葬印之松至今有之

子息新三郎不相替家督相続事……久松公直家公両人心合天神城責給　折節御内明石飛弾依逆心終天正八年落城　宗景公密播州阿賀御忍　新三郎儀随身然所従是近習一両人御供而御忍其皆々本国帰時節可待若此旨違背輩者長為勘当之旨不及是非不残銘々本国帰　新三郎彼領所上山村居倅新三郎号備前北山方居従夫民間下

次男重郎左衛門儀者浮田中納言代　河合谷之内矢野原小岇横尾高去右四ヶ所庄屋代官被仰付大小騎馬御免　従夫末葉之至我等及四代也

高原重郎左衛門兼寛

慶長十年丁午九月

高原亦左衛門

高原類右衛門

右之一巻備前之国北山方村従高原仁右衛門致書写置者也

上山移住時の高原家系

慶長先祖書から上山関係の出来ごとを拾うと、つぎのようになる。

①高原四郎兵衛は天神山城主浦上宗景に仕え、上山村二十町歩を受領する。

②四郎兵衛は備前の善応寺合戦で討死、亡骸は上山村小山の松林に葬られる。

③長男新三郎は家督をついで城勤めをし、浦上氏滅亡後上山へ帰る。息子は北山方村に定住。

④次男重郎左衛門は宇喜多家に召し出されて庄屋代官となり、武士待遇をうける。

最後に、初期高原氏を理解する一助として略系図を掲載しておく。当初、系図は『劒花菱の余香』のなかから、代表的なものを選んで載せる予定であったが、調べてみると名前や続柄をはじめ家ごと

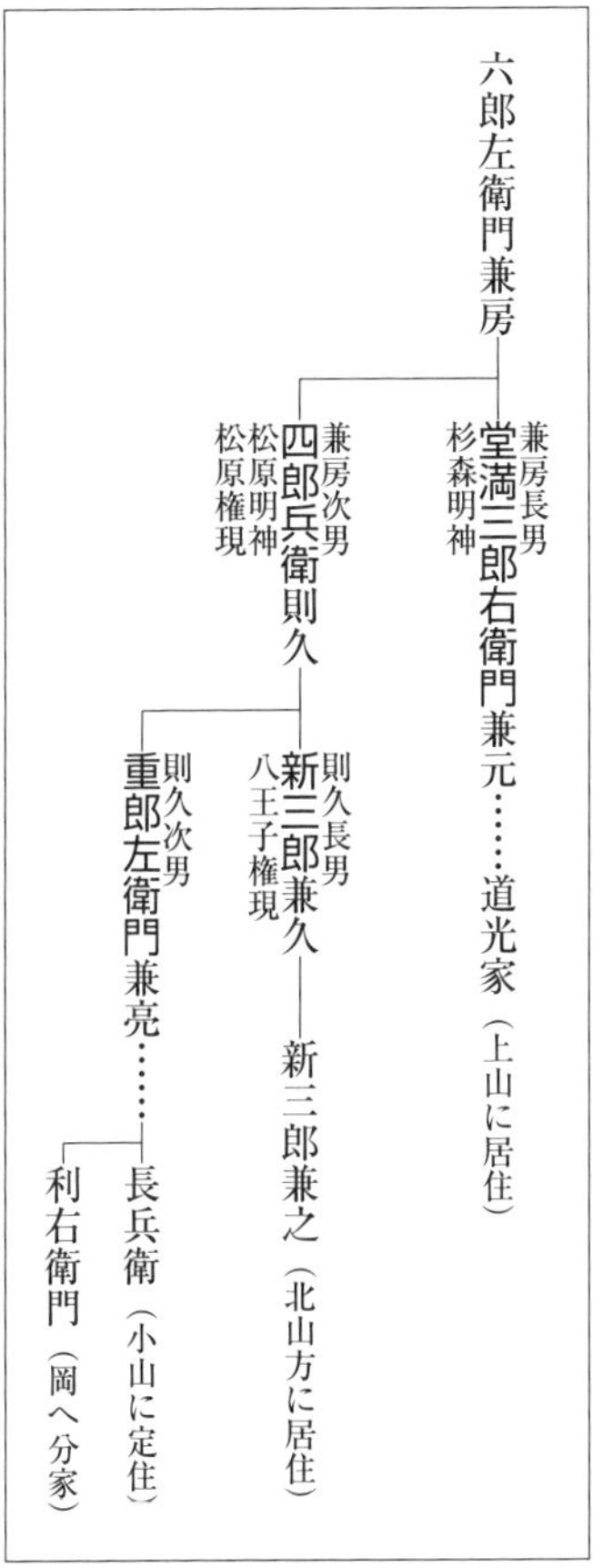

図 2―1　高原氏初期の略系図

の食い違いがはなはだしい。そこで、筆者が異同部分を適宜に取捨選択し、関連事項を補って仕上げたものである。あらかじめお断りしておきたい。

次節では①～④項を中心に、空白を補いながら高原氏と上山の関係を追っていきたい。

二、戦国大名のはざまに生きる

高原氏の先祖は戦国時代に登場し、上山に定住する。初代と目される六郎右衛門兼房は浦上《うらがみ》宗景の家臣のなかに高原六郎の名をのこし、次ぐ二代目の四郎兵衛則久、その嫡男新三郎は宗景に仕える。三代にわたり家臣であった家柄だ。

高原氏の歴史は備前・美作東部における戦国大名の消長のなかに位置づけると、その輪郭がより鮮やかに浮かび上がる。大名は滅び、領主は交代してもむらに根づいた高原氏は生き残った。というわけで、本節は浦上宗景との関わりからはじめたい。

浦上宗景と拮抗する諸勢力

中世後期における備前と美作の情勢をいちべつすると、一四世紀にはじまる守護大名山名・赤松両氏の戦いは応仁の乱以後にもちこされ、いつ果てるともなくつづいていた。一五世紀も終りに近づくとようやく状況は一変し、山名氏は山陰の尼子氏に圧倒されて力を失い、播磨を本拠とする赤松氏は重臣浦上氏の台頭に圧されて備前から撤退を余儀なくされる。

しだいに勢力をのばした浦上氏であるが、赤松氏への服属を指向する兄政宗と自立路線の宗景とのあいだに不和を生じ、袂を分かった宗景は一五三二年ごろ、吉井川中流の左岸に天神山城（現佐伯町）を築く。険阻な地形をいかした山城で、約半世紀にわたって宗景が政務を司る居城となった。入城にあたって宗景は、忠勤をつくす者には恩賞をあたえ、有能なものは召し抱える旨を布告した。その結果、近隣から馳せ参じる将兵が多く、東備前の各地が宗景の傘下にはいる。威信を失った兄政宗が天神山攻撃を準備するのにたいして、宗景は早速さらなる募兵にとりかかった。

さるほどに、宗景殿は舎兄政宗立腹の余り近日馳せ向かうよし聞き及ばれ、俄城《にわかじろ》の事なれば軍兵に事を欠かれ、備作の諸士へ廻し文を以って人馬の催促頻り也。近郷の武士・庄屋・庄官、或いは腕立強敵《ママ》の者共、また遠国の諸浪人等、櫛のはを挽くごとく馳せ集まり、さてまた作州三星山の城主後藤安成、……そのほかの諸士より加勢の軍勢、追々集まる　「天神山記」

宗景のもとには譜代および地元の武士にくわえて、作州三星城主後藤氏ほかの国人衆（土地の古くからの領主）が加勢にかけつけ、一大勢力を形成した。宗景は備前と美作の東部一帯を手に入れ、戦国大名の一員になる。ただし、その勢力圏は国人や地侍などの連合のうえに成り立っていたので、か

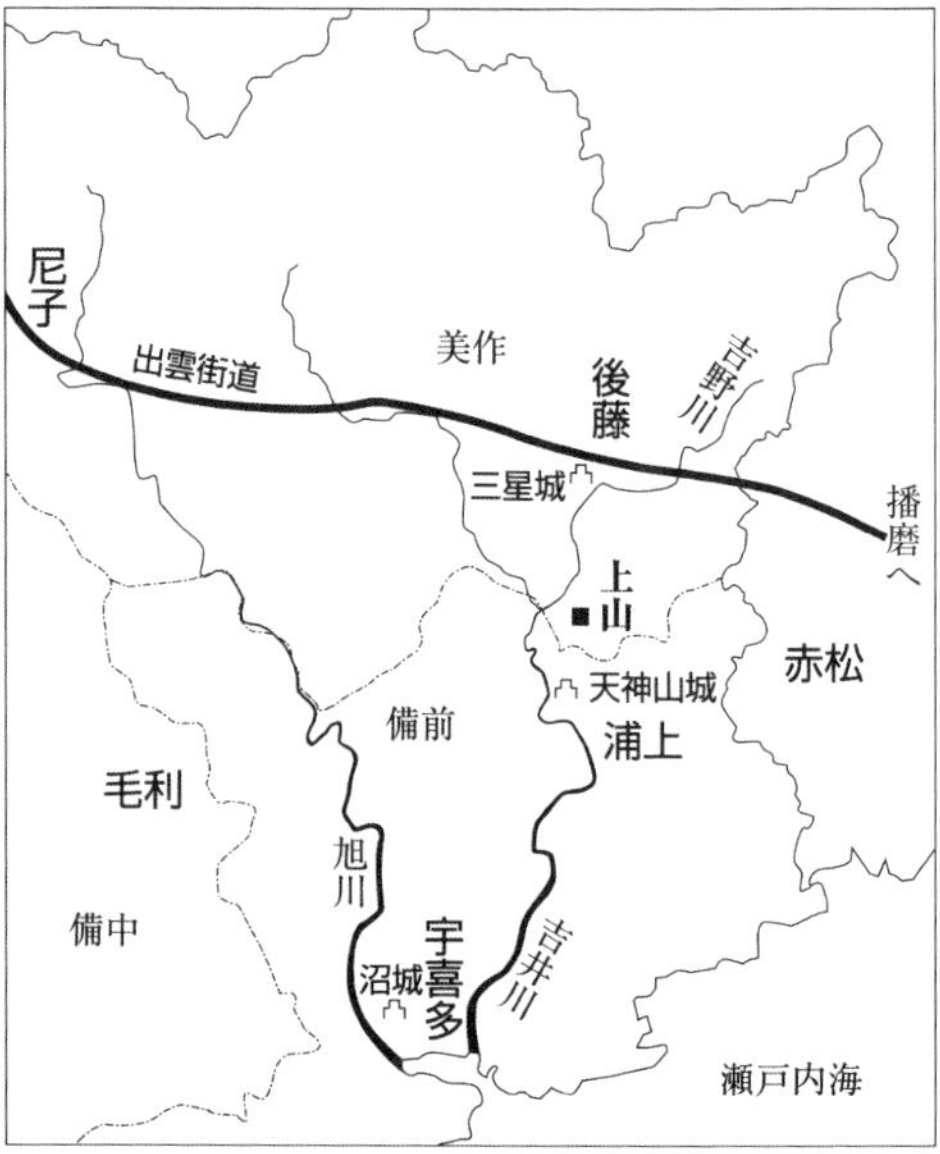

図 2—2　割拠する戦国大名

れらの動きしだいでは不安定になり、領国の境界を明確にひくことはむずかしい。

この地域をめぐる当時の勢力関係を、久野修義「中世社会の深まりと人々の暮らし」（『吉井町史』）と題する文章が簡潔にまとめているので、つぎに紹介する。

> 浦上宗景が天神山に拠点をすえた天文年間（一五三二〜五五年）の早い時期、備前の状況は『備前軍記』の概観によれば、まず東部では浦上政宗・宗景が争い、西部では松田氏と浦上氏が対立していた。その松田氏の背後には山陰の雄尼子氏がひかえ、そして、さらに西からは毛利氏が迫ってきており、……

つづけて、この文章は戦国大名が勢力伸長のためにえらんだ進攻方向を「二つのライン」で端的にえがき出している。すなわち、浦上宗景が「吉井川による南北のライン」に支えられて発展し、「山陰と畿内を結ぶ出雲街道の東西のライン」が尼子氏の上洛をめざすルートであった。さらに後年、宇喜多氏が吉井川沿いに北進して三星城を攻めており、戦国時代の主な出来ごとは東西・南北をつなぐこのライン上、またはこのラインを経由した場所で起きている、と。

地勢上の特徴をとらえた視点は、「尼子氏や浦上氏の動向におおいに影響をうけ」た吉井町の歴史を解き明かすほか、吉井川の対岸にあって山地をへだてる上山の分析にもあてはめることができる。

浦上家に仕えた高原一族

慶長先祖書は、高原四郎兵衛が浦上宗景から「領知」を頂戴するところから書き起こしている。だが浦上・高原両家の出会いはそれに先んじ、天神山築城直後の募兵に始まったと考えられる。ある家系図には、日向国（宮崎県）の浪人であった父・六郎右衛門が宗景に召し抱えられたとある。

上山村二十町歩その他の領地を与えられた四郎兵衛の立ち位置は、浦上家のなかでどのようなものだったか。かれは一介の浪人者から身をおこし、主君宗景に忠誠をつくしてしだいに認められる。当時の土豪とか地侍と呼ばれる武士の多くは、保身と褒賞に汲々としていただけに違いは明らかだった。所領の大きさは家臣のランクを反映しているが、ちなみに譜代の重臣の出身地である東備前（和気郡に相当）の村々にくらべると、上山村は上位に属する。北山方村を合わせるとトップ級におどり出る。それは宗景の信頼が厚かった証であろう。

四郎兵衛は一六世紀前半に上山村の小山へ移住したのち、一五四八（天文一七）年岡山市北部で行われた善応寺合戦で討死する。亡骸は小山の山林に葬られ、松原明神として祀られたことは前節で述べたとおりである。

四郎兵衛の死後まもなく、宗景は嫡男新三郎を側近として天神山城で召し抱える。年少の新三郎が利発であるにせよ武勲をたてたわけではないのだから、高原氏にたいする恩賞と考えられよう。浦上・高原の主従はふかく繋がっており、物語はさらに三十年後へとつづく。落城した天神山から落ち延びる宗景を慕って、新三郎は播磨まで同行するが、帰国を命じられてやむをえず上山へ引き返すという後日譚がある。親子二代の奉公ぶりがひときわ目立つ。

不安定な美作東部

四郎兵衛が没してからの三十年間について、先祖書は高原家の内情にふれていないが、後継者は兄・堂満三郎右衛門と推定される。まずは作東(美作東部)情勢の移り変りから見ていきたい。

一六世紀に美作でもっとも影響力をもったのは、山陰の雄尼子晴久かもしれない。一五五二年に東中国六か国の守護となり、翌年美作高田で浦上宗景と激突する。この戦いを境にして宗景は美作での動きを封じられ、作東の国人である江見氏および後藤勝基が尼子に服属する。ところが六〇年代に尼子が退潮すると、宗景は毛利とむすんで勢力の回復をはかり、勝基は尼子に背いてふたたび宗景と通じる。戦国大名と国人たちの動きは、玉つきのように複雑をきわめ止まるところを知らない。

戦国時代といえば、下のものが上のものから権力を奪い取る「下剋上《げこくじょう》」ということばが思い浮かぶ。

国人、地侍たちは小なりといえども独立して自由に生き、したたかさを発揮する反面、いつ所有地を侵されるかもしれぬ不安をいだいていた。矛盾をかかえながら、激動の時代を生きたのである。

作東の旧家小坂田家の文書によると、当主小坂田勘兵衛（のち又四郎と名乗る）は六〇年代に江見氏から二度、七〇年代初めに勝基から一度、それぞれ河会庄内の所領を安堵されている。安堵とは、領主など上位のものが支配下の武士の所領を承認し保証することをいう。多くの場合、安堵の代償としてはことあるときに軍役参加を求められた。

小坂田家文書を読み解く

小坂田家宛の三通の安堵状から発給年次および受給者、該当地を抜き出すとつぎのようになる。

①永禄五年（一五六二）、川副〔江見〕久盛より小坂田勘兵衛へ　河会庄之内高原堂満三郎右衛門分

②年次未詳〔一五六九年か〕、〔江見〕久秀より小坂田又四郎へ　河会之内やくしとう分小山名

③元亀二年（一五七一）、後藤勝基より小坂田又四郎へ　河会庄之内当光名

安堵状①の「高原堂満〜分」は高原家から引きついだ堂満の持ち分を指している。ここでは「高原分」でなく「堂満分」と表現している点に注目したい。それは四郎兵衛亡きあとの堂満の役割を浮かび上がらせているからだ。

②の「やくしとう」（薬師堂）は上山の地名であるが、堂満がこの地に住むところから「やくしとう分」と書き表したのであろう。地域は①と同じ。その下に「小山名」とあるのは、小山を本拠とし

た高原家の経営する土地であることを念のため書き添えたのか。

③の場合、河会庄内には「当光」の名字や地名は存在せず、地域を特定しかねていた。しかし数年後、ふと薬師堂に現存する道光《どうみつ》家に思い至る。――中世の武家のあいだでは伝達の手段として文字より話しことばが優先され、名字に適当な漢字をあてがうことが少なくなかった。したがって、ドウミツ（堂満）の音に「当光」という当て字を用いたのであろう。堂満、当光、道光はいずれもドウミツと読む。そう考えたとき疑問は氷解し、小坂田氏が安堵された三つの所領、すなわち堂満分、やくしとう分小山名、そして当光名は同じ地域だとの結論に達したのである。なお道光家を堂満三郎右衛門の末裔とするのは、名字の読みや所在地のほか、敵の来襲にそなえる高台の屋敷の造りなどを加味した結果である。

小坂田勘兵衛について付記すると、かれは勝基から激賞された武勇の持ち主であり、またこの時代に節をまげなかった硬骨漢と伝えられる。主筋の後藤家が滅亡すると、三海田村（現美作町）へ帰農し、その後同家は大庄屋の職についている。

リリーフエース、堂満三郎右衛門

一六世紀の半ば以降、高原家を支えたのは、高原堂満三郎右衛門であった。家系図によると、六郎左衛門の次男四郎兵衛が家督をつぎ、長男の三郎右衛門が分家して高原堂満姓を名乗った。このめずらしい複合名字は中世武士の慣わしであったという。

桓武平氏三浦流でも三浦和田・和田高井という複合名字がみられた。しかし前者の三浦一族から和田氏が自立する過程でのことであり、……自立が完成すると冠されていた本名字はとれて、それぞれ和田・高井という新名字だけになっている。

奥富敬之『名字の歴史学』

分家した初代は複合名字を用い、二代目あたりから旧姓・高原を外し、新しい名字・堂満のみをつかうのである。

堂満三郎右衛門は、小坂田家の文書にみるとおり四郎兵衛没後の上山を束ねる人物であり、一族によって杉森明神として祀られた事実がそれを裏づけている。

高原家の再興

一六世紀も終りに近づくにつれて戦乱は治まり、上山村の輪郭もしだいに鮮明となる。主な出来ごととしては、高原重郎左衛門兼亮が宇喜多家に登用され、一七世紀初めまで地域の行政をになう。この間に近世の村の秩序が形づくられてゆくのであるが、まずは戦国大名の動きからみていこう。

南備前（岡山市周辺）を本拠としていた宇喜多直家は、天神山城にこもる浦上宗景を攻略したのを皮切りに、後藤勝基の三星城を攻め落とし備前、美作両国を統一した。新しい領地を経営するにあたって、浦上氏がむらの支配層を温存し目下の協力者として遇したのにくらべ、宇喜多氏は土豪、地侍などにたいして武士か百姓身分のいずれかを選ぶように迫る。武士をのぞむ者は城下町へ移住させ、既得権をすてて農民となる者にはむらへ住むことを認めた。兵農分離である。

さて河会庄にあっては、宇喜多氏は地元を治める役人（代官）に高原氏を登用する。しかし選んだのは長年浦上氏に仕えた総領の新三郎でなく、上山で閉塞していた次男の重郎左衛門であった。かれの職務について高原諸家の系図はおおむね次のように記している。


天正年中守護宇喜多中納言秀家卿ニ属シ、川会郷ノ内北方ハ上山村ノ内、屋《ママ》ノ原・小岾ヨリ南方ハ横尾村ノ内、高去迄ノ間ノ代官トナレリ。騎馬ニテ巡見ス。


「天正年中」とあるから、一五八〇年代のことであろうか。代官の管轄は北は矢ノ原・こぼき、南は高去までの地域、すなわち上山とそれに隣合せの河会川南岸一帯と解釈することができる。巡回する地域はひろく、騎馬を用いることが必要であったのだろう。

関ヶ原の戦いののち、森忠政が一六〇三（慶長八）年、美作領主となる。重郎左衛門は「慶長年中守護森家ノ令ニヨリ上山九村ノ荘屋トナレリ」と系図にある。数か村単位で村の庄屋を束ねる大庄屋制を森氏が採用したので代官職を解かれ、上山村の庄屋へ格下げになったものと推測する。

かれは慶長年間の検地に立ち会ったのをはじめ、近世上山村の成立期に奔走する。その事績は、江戸時代の庄屋を代々つとめる岡・高原家の礎を築くことにつながった。

表2―1　高原氏をめぐる年表

西暦	元号	高原一族と上山村	戦国大名のうごき
一五三二	天文元	高原四郎兵衛、浦上家より上山村二十町歩を受領。	浦上宗景、天神山に築城。
一五四八	一七	四郎兵衛、善応寺合戦で討死。嫡子新三郎、浦上家に召し抱えられる。 堂満三郎右衛門、上山の領主を代行。	
一五五一	二〇		尼子氏、美作を平定。
一五六二	永禄五	小坂田氏、尼子方から上山領を安堵される。	
一五六六	九		尼子氏の本拠富田城落城。美作より撤退。
一五七七	天正五	高原新三郎、上山村へ帰る。	宇喜多直家、浦上宗景の天神山城を攻略。
一五七九	七		直家、後藤勝基の三星山城を攻略。
一五八一	九		直家没（秀家八歳）。
一五八五	一三	天正年間に高原重郎左衛門、代官に任命され管内を巡見。	秀吉、関白となる。
一六〇〇	慶長五	この頃より慶長鉱山が繁栄。	関ヶ原の戦い、宇喜多家断絶。
一六〇三	八		家康、征夷大将軍となり江戸幕府を開く。
一六〇三	八	重郎左衛門、上山九か村の庄屋となる。	森忠政、津山藩主として入国。
一六〇八	一三	上山村検地。	

3章　過渡期としての16世紀（二）

一、「慶長鉱山」のブーム

英田町上山東区の段にあった鉱山は、慶長年間（一五九六〜一六一五年）に栄えたという故事にちなんで「慶長鉱山」と呼ばれている。ちょうど江戸時代がはじまるころのことで、上山の成立ちに大きな影響をおよぼしたが史料はなく、古老に尋ねてもくわしいことは分からない。そこで鉱山や周りの地形などの情報収集を目的に、地元の人の話をうかがうことにした。

鉱山跡をめぐる

現在、八伏から段へ行くには車で上山を横断し、県道を迂回して八キロばかり走る。ところが昔のように山越えをすれば二、三キロの距離だ。この近さは上山と鉱山とのあいだにかつて親密な往き来が可能であったことをしのばせる。わたしは二〇〇一年五月、段に住む森山要さんにお願いして鉱山跡を見に行く。山越えルートは通る人もなく荒れ果てており、難渋をきわめた。

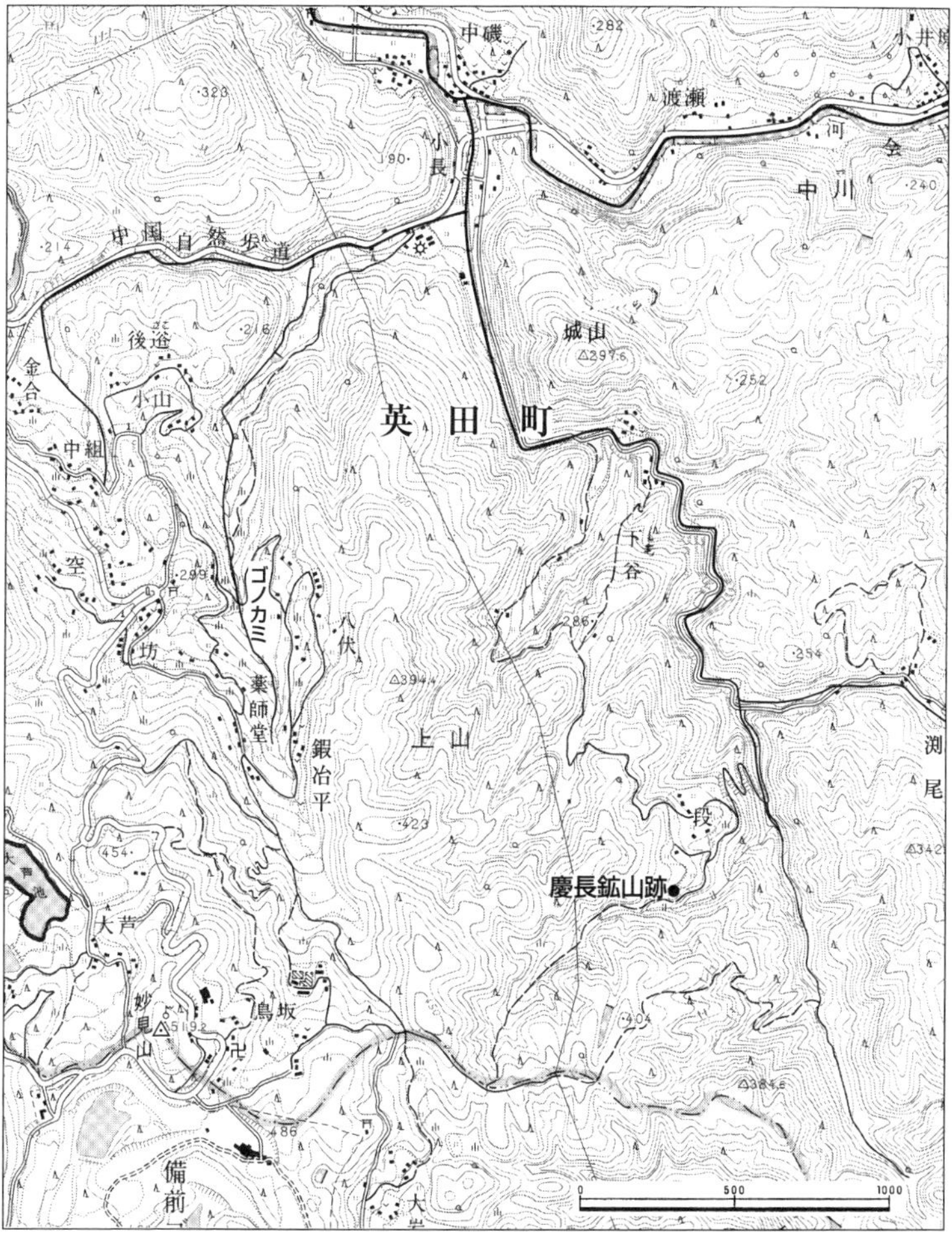

図 3—1　上山と「慶長鉱山」
（国土地理院の２万５千分の１地図「日笠」より作成）

段は山上にひらけた台地といった趣で、一町八反の水田があり、当時二戸が農業を営んでいた（以前は四戸が住んでいた）。集落から南へ数百メートル行ったところに金山谷という谷川が流れており、川沿いの道をゆるやかに登ると、やがていくらか平らな選鉱場跡に出る。選鉱は、掘り出した原鉱石を打ち砕き、得られた細かい粒を水中で回転させて、比重の異なる含有成分を分離したと伝えられる。広場の片隅には砂礫が積まれており、所どころから黄や緑色の光をかすかに放っている。長年、風雨にさらされた鉱滓である。第二次大戦のころには、選鉱用の細長い小屋が建ち、反対側には事務所と鉱夫用の宿舎があったという。

奥まった場所の崖には、背丈よりやや大きい坑道がぽっかりと口を開いている。このほかに、坑口は尾根へむかう山道の両側に合計すると六、七箇所くらいあっただろうか。坑内は大半に潰えが生じたり、入口が土砂で半ば埋もれるなど荒廃はひろがっていた。選鉱場から一キロばかり登ったところに、たて坑が崩落して二〇メートルばかりの穴があいたという潰《つ》えマブもあった。第二次大戦当時の坑内作業は、ノミで穴をうがってハッパをかけては掘りすすみ、たて坑の場合は発動機をつかって排水をしたのち、ハシゴをかけて切羽まで降りて採掘した、と要さんの説明をきく。

最後の坑口を通り過ぎたあたりで、幅が約一間の石垣が山の斜面に見えかくれしており、その上側に均らされた十坪強の平地がある。慶長鉱山の最盛期に建てられたお寺の跡で、二、三箇の平たい石が柱の礎石、山際の窪地が池跡との由。ほど近い尾根には経塚が祀られていた。

尾根を西へ約一キロも行くと鳥坂の集落が現れ、古刹妙徳寺がみえてくる（『東作誌』には明徳寺とある)。この寺が、危険な鉱山労働で倒れた人たちを供養するために分院を設けたのであろうか。

上山と鉱山をむすぶ道

四〇〇メートル級の山々にかこまれた上山は、吉備高原の形成された年代が古いせいか総じてなだらかな山頂がひろがる。鉱山へ向けての一帯も例外ではなく、分水嶺がはっきりしないほど平らで、上り下りも比較的少ない。

上山から鉱山へ行く主なルートは三つある。第一は、奥谷川上流から尾根を越える鉱山への最短ルート。第二は、八伏から山越えをし人家跡二、三箇所をへて段へ至る。第三は、鳥坂から佐伯町との境界である一本松を経由して金山谷をくだる道。鉱山は谷沿いにひろがっていた。

八伏から段へ至る道は、慶長年間に往き来しただけではない。明治から昭和の初めまでの約五十年間、渕尾の子どもたちは比高約二〇〇メートル、距離にして二、三キロをあるき、ゴノカミにある上山小学校へ通った。バス通学など夢想だにできぬ一世紀前のことである。また、幕末のころには上山から渕尾の集荷場まで茶の葉やうるしを運んで賑わったようだ。

このルート上にはつい二、三十年前まで山仕事や農業を営む人びとが住んでいた。八伏の尾根を東へくだって古い墓地と水田がのこる樋迫《てえざこ》をすぎ、やや平らな場所につくと黒奴田《くろんた》の廃屋が現れる。二軒の家族は七〇年代にこの地から出て行ったが、一八世紀初めの石塔と五輪塔にくわえ寛政七年と刻んだ念仏塔が建っている。古くから定住していた歴史が眼前に迫ってくる。

さらにすすむと、細い谷川が合流する地点にトタン屋根の空家が建っている。秦《はた》である。秦という地名は古代、この地に住んだ帰化人が鉱山の稼働にかかわった名残であろうか。床板の一部が抜け落ちた室内には炊飯器や柱時計が取り残され、二十年前の暮らしに思いを致させる。谷川沿いの杉林と化した棚田跡に、放置されている小型耕耘機の白さがなまなましい。この二〇〇六年夏の光景は、過疎地における未来の縮図を示しているかのようだった。

半世紀前まで、秦から渕尾川へ流れる谷川の周りには一町歩の水田が拓けていた。地元の人のほか、上山から八伏のNさんたちが山越えをして田をつくっており、尾根をはさんだ集落のあいだで何軒かは姻戚関係でむすばれていたという。米作りをはじめ山仕事や茸採りをする人など、山地を行き交う人びとはたえなかった。

この地域は今日無人になっているが、古くはふつうの農山村であった。段をはじめ鉱山北側の平坦な地域にも農地が拓け、鉱山の全盛期には鉱夫、人足が住んでいたと伝えられる。

全国的な銀山景気

慶長鉱山の時代的背景に目を移すと、全容がなにがしか見えてくる――。

銀山といえば、まずは中世末期に開発された石見銀山（島根県）と生野銀山（兵庫県）に指を屈する。石見銀山は一五三三年に灰吹法による精錬技術を導入し、わが国ではじめて銀の大量生産に成功した。以後、大内、尼子、毛利らの戦国大名が銀山争奪戦に明け暮れ、やがて幕府を開いた家康が直轄地として振興につとめる。繁栄したのは慶長・寛永期（一五九六〜一六四四年）とされている。一方、生野銀山は一五四二年から採掘され、最盛期については一五九〇年前後の秀吉時代をはじめ諸説がある。

一六世紀の中ごろ以降、石見銀山から精錬法を取り入れて、全国各地の銀山が相ついで開発される。産銀額は急増し、一七世紀前半において世界の三分の一に達したといわれ、外国貿易の飛躍的な発展を可能にした。しかし、後半に至ると各銀山は衰退にむかい、代わって銅山が脚光をあびる。石見銀山も銅を産出する鉱山にかぞえられている。その間の事情はつぎのとおりだ。

……鉱石や鉱床の価値は、その時代の要求と処理技術の進歩によって変化する。日本の重要鉱山には、最初は金銀鉱山として開発され、後に銅鉱山や鉛・亜鉛鉱山に変わった例が多い。これは、鉱床の上部に金、銀の濃集部があって、採掘が下部に移るにしたがって、銅やその他の鉱物に富む鉱床に変わっていったことによる……

山口梅太郎「鉱山」

段の鉱山に目をむけると、美作からほど遠からぬ石見、生野の銀山などから技術・経営のノウハウを受けつぎ本格的に稼働した。しかし、銀山ブームが終りを告げる時期は意外と早かった。銀山としての好況は半世紀とつづかず、一七世紀前半に終わったとみなしてよいだろう。それ以降は銅の採掘を中心にした縮小再生産の時期に入り、鉱石にふくまれる有効成分が低下するにつれて廃鉱への道をたどった。

今回、鉱山跡をあるいたところ鉱区域は意外にせまく、短命に終わった原因がその辺りにあるかと思われた。

鉱山の前史と後日談

段の鉱山の故事を伝えるエピソードが、平安時代初期に編まれた『日本霊異記』に載っている。その内容は、孝謙天皇の天平勝宝元年（七四九）、美作国英多郡の鉄山で崩落事故が起き、鉱夫の一人が生き埋めになる。がしかし、法華経への信心があつかったため奇跡的に救助された、と仏の功徳をたたえる説話だ。

文中に「鉄山」とあるのは金属を産する山というほどの意味で、別の史料には銅鉱とある。当時、奈良の大仏の完成（七五二年）をめざして銅の産出が大いに督励されたという時代背景があった。

それから約千年後の江戸中期、一七〇〇年代に鉱山再開発願い三件が提出された。その内容を『英田町史』から抜粋すると、届出には「ぶち尾銅山」「上山村銀山」の名称が使われており、産出品目が銅と銀であったことをうかがわせる（これは後年、「明治十四年分鉱山税上納明細簿」が上山村の鉱名を銀、銅と記していることに一致する）。また、一八世紀末の証言によると鉱山の栄えたのは三百年前であり、廃鉱になったのは二百年以上も昔のことだと述べている。その年代を計算すると一五世紀後半までが最盛期であり、慶長年代をまたず操業を中止したこととなるのでお話にならない。だが裏返して解釈すると、一八世紀の願い人たちは父や祖父が生きた直近の百年のあいだ鉱山は稼働していなかった、と証言しているようなものだ。

再開発願いにたいして、金山谷の下流七か村は鉱毒をおそれて反対した。ところが上山村は「銀山が繁盛すれば薪炭生産も盛んに」なると歓迎の思いをにじませた意見書を提出している。最盛期に上山村は薪炭需要でうるおった経験をもつからだろう。公害問題は今も昔も複雑だ。

休鉱から閉山へ

慶長鉱山はいっとき輝いたのち、長い休業期間と短期の操業とがないまぜられた歴史をつづる。以下、年代順に記録を追ってみる。

休鉱が一七世紀にはじまり、一八世紀の全期間にわたってつづいたことは、すでにみたとおりである。一九世紀には幕府巡見使の視察にたいして、金銀銅などの鉱山は「作州領分にはございませぬ」と答えている（『英田町史』）。また、鉱山地区のあちこちに自生している茶の木は、幕末に奨励された茶の栽培跡と考えられる。とすれば、この地域に人は出入りしていても、本業の鉱山は捗ばかしくなかった証左といえよう。

明治前期に段の鉱夫が「仕事がなくなり」、英田町下中磯の水門工事を「全くの奉仕で」請け負ったりしている（『英田町の地区誌』）。大正の初め、上山小学校が「慶長鉱山主田中国吉氏（大阪市）より無線受信機一台を寄贈」（『英田町教育の歩み』）されたのは、鉱山と関係があるのだろうか。昭和になると、上山から二人の選鉱婦が通勤し（九三ページ参照）、また段の鉱山から精米をするため牛の背に米俵二俵をつんで、奥谷の水車小屋へやってきたと古老は語る。これらの消息は、近代以後細ぼそと操業されていたさまを知らせる。

時代はくだって大戦中に、渕尾へ疎開してきた小学校の同級、日出雄君の父高坂さんが鉱山事務所へつとめている。当時、鉱夫三、四人が採掘にあたっており、鉱石の成分は亜鉛と錫だった。鉱石は俵につめて渕尾川畔まで木そりで降ろされ、馬車と片上鉄道に乗せついで瀬戸内海の三菱金属直島精錬所へ運ばれた。

戦争末期になると鉱夫たちは戦争にかり出され、ひと組の夫婦が新たに雇われた。渕尾に家を借りて畑をつくっており、大変よく仕事をする人だったという。敗戦の翌年、この一家が祖国朝鮮へ引き揚げると働き手がいなくなり、一時操業を停止した。その後、とぎれとぎれに採掘していたが四八年ごろに閉山し、今日に至っている。

二、移住してきた人びと　むらが変わる時代

中世上山の風景

中世上山の水田は、渋谷定心がのこした相続状から推し量ると、十町歩台前半と思われる。太閤検

地以後の三百坪一反で換算すると十町歩台半ばである。それは二〇世紀にくらべると四分の一の広さしかなく、山林原野のなかに人家と田畑が点在するという、いまでは想像もできない風景が浮かび上がる。

こうした景観を変える端緒が、一六世紀前半に行われた高原四郎兵衛の小山定住である。まずは、かれが浦上家から受領した「上山村二十町」について確認しておくと、この二十町歩は①近世の反別に換算すると二十四町歩である（ただし、「上山村」の範囲は不明）、②江戸初期の検地内容が田六、畑四の割合であるところからみて、当時上山の水田は十町歩台半ばと見込まれる。

渋谷定心から高原四郎兵衛までの、中世三百年間に田地はさほどふえておらず、停滞していたと言ってよい。

高原氏の入植以後

四郎兵衛が屋敷をかまえたのは、上山を縦断する尾根が終わろうとするところ、通称「小山」の山腹である。南と西を山にかこまれ、東は奥谷川に面した絶壁であって、容易に外敵の侵入をゆるさない天然の要害を形づくっていた。山頂にこそ位置していないが、主家の天神山城にならった地形である。四郎兵衛はまた、戦国武士の習いとして農地を拓き食糧の自給をめざす。記録はのこっていないが、つぎのようなかたちで開発がすすんだものと思われる。

小山およびその背後にある後谷は水利に恵まれなかったので、開墾と併せて水路を造らなければな

写真 3―1　小山(手前)および後谷の集落（2000年頃）

らなかった。現在、小山・後谷地域には灌漑用の井手が二つある。小山へ向けて奥谷川から取水するカナヅ井手と、上山神社の下手から後谷へ至る池掛りの井手である。いずれも山腹を横切る水路で、山林を伐採して木の根を取り除き、傾斜地の潰えと水もれを防ぐ工事を必要とした。多くの労力を費やしたことであろう。

四郎兵衛の没後、分家した堂満三郎右衛門が本家の事業を引き継ぐ。それと同時に、かれは薬師堂の自宅周辺に農地をひろげるため、大芦池の改修と井手の整備を手がけた可能性がある。そうした灌漑事業を呼び水として、上山各地で開田の機運が高まったとみられる。四郎兵衛が高原家の創始者として軍事をになったのにたいし、堂満は一族をまとめ地域の開発に貢献した。このあたりに高原家の子孫が二人を同格に顕彰する謂われがあるのだろう。

堂満の消息がとだえた一六世紀末に、四郎兵衛の次男・重郎左衛門が庄屋代官となって表舞台に登場した。

かれが健在であった一六〇八（慶長一三）年に、津山藩森家によって上山村の検地が行われる。この時点で上山村の水田は十九町七反と記録され、かつてない規模にひろがっていた。高原氏入植時の十町歩台半ばから六、七十年間に三、四割ふえたのだ。中世の停滞から抜け出して上向きに転じたことは間違いない。なお、ここにいう検地とは課税を目的として田畑や屋敷を測量し、村ごとの生産高を定める制度であった。

鉱山目当ての水田開発

水田開発が盛んであった時代は、鉱山が繁栄に向かう時期ともかさなる。いみじくも古老の藤原武男さんは語る。「上山の水田は慶長鉱山へ米を供給するために拓かれた、と聞いている」と。武男さんの同じ趣旨の話が四十年前の山陽新聞に載っているから、思いつきではない。

鉱山が栄え鉱夫、人足が集まってくると、食糧の需要が増大する。たとえば新規にやってきた労務者百人が一人あたり年間一石の米を消費するなら、それを生産するためには七、八町歩以上の開田を必要とする――。こうした事態は上山の農家を刺激し、開発の起爆剤になったことだろう。

上山村の村高と農地を、検地以前に造成された「本田」とその後に拓かれた「新田」とに分けて集計したのが表3―1である。検地以後、上山村全体でふやした水田はわずか三町歩であり、こうした農地の状況から判断すると、上山の水田は検地以前に開発限界に達していたか、あるいは検地の時点で慶長鉱山は最盛期をすぎ、農家が開発意欲を失っていたのかもしれない（そうであれば慶長鉱山は

表 3－1　上山村の村高と田畑の面積

		本田 1608年	新田 ～1697年	計	本田	新田	計
		石 斗	石 斗	石 斗	町 反	町 反	町 反
上山（上山村西分）	水田	213 6	24 5	238 1	17 1	2 1	19 2
	畑	119 2	22 0	141 3	12 1	2 7	14 9
	小計	332 8	46 6	379 5	29 2	4 9	34 2
渕尾（上山村東分）	水田	30 5	10 8	41 4	2 6	1 1	3 7
	畑	23 2	26 4	49 7	2 3	3 1	5 5
	小計	53 7	37 3	91 0	5 0	4 2	9 2
計	水田	244 1	35 4	279 5	19 7	3 2	22 9
	畑	142 5	48 5	191 1	14 5	5 9	20 5
	計	386 6	83 9	470 5	34 2	9 2	43 4

注 1. 本表は『東作誌』（1815年編纂）による。
2. 本田欄の数値は1608（慶長13）年に行われた上山村検地による村高と反別。新田欄は検地後から1697（元禄10）年までの開墾地、検地もれの田畑などの集計分。
3. 村高の単位は「升」以下、農地面積の単位は「畝」以下を、それぞれ切り捨てた。

表 3－2　河会庄における上山の割合（1697年）

	村高	比率	水田面積	比率
河会庄（15か村）	2119石	100%	91町1反	100%
上山村	387	18	19 7	22
上山村西分	333	16	17 1	19

きわめて短命であった）。一方、水田の頭うちを補うかのように、検地以後、畑の開発が盛んに行われている。渕尾とも共通する現象であるが、これは主として鉱山の衰退で失職した労務者、職人による開拓と思われる。

なお参考までに、河会庄における上山の村高と水田の割合を表3―2に示す。表からは「米どころ」の名にふさわしい実態を読みとることができるだろう。

鉱山ではたらく人びと

慶長鉱山の最盛期には、六百人あるいは千人もの人たちがはたらいていた、と聞いたことがある。いずれも憶測にもとづく数字だが、話半分としても山あいのむらにとっては一大事件であったことに変りはない。地元の零細農や半失業者にくわえ、他国からの出稼ぎが集まったことだろう。そうでなければ上山と渕尾からだけでは数百人の労務者を雇うことは到底できない。

「段の鉱山の全盛当時は、鉱夫や人夫の多くは薬師堂や坊の付近に居住し」たと『上山風土記』が記すように、距離的に近い奥谷の全域から鉱山へ出かけたようだ。それを裏づけるかのように、昭和の初め、上山から奥谷の女性ふたりが山越えをして鉱山ではたらいている。ひとりは、坑内で発動機の排気ガスにまかれて命をおとした。いまひとりは、選鉱場の仕事について日銭稼ぎをはじめたが、仕事がきつく長くはつづかなかった。第二次大戦後にも、奥谷の男性二人が鉱山へ通っていたという。細ぼそと稼働していた二〇世紀も、上山と鉱山との関係はつづいていた。

鉱山は、労働力とともに採鉱に用いる道具や資材の調達を欠かせない。奥谷川上流の右岸には鍛治《かじ》平《びら》という集落があり、昔七軒をかぞえ鍛冶を職業にしていたと伝えられる。急傾斜地で農業には向いていないが、裏山を越えて一キロも行けば鉱山へ行きつく便利な土地である。この立地条件を生かして、鍛冶平ではツルハシやタガネなど鉱山用具をつくったのだろう。その対岸にあるカンジャは神蛇とも書くが、カジヤが訛った地名との説もある（近くには明治の初めまで鍛冶屋があった）。

鉱山が活発になるにつれ労務者とあわせ、鍛冶職人もやってきたのである。こうした人びとによって、あちこちに集落が生まれ、上山に新しい血が導入された。

「永井様」を祀る

上山神社の入口からほど近い所に永井様と呼ばれる古い祠が建っている。永井姓を名乗る人たちのご先祖さんである。先祖祀りの行事「永井様」は、持ち回りで頭屋をきめ、年一回集まって拝んだあと会食をして懇親をふかめ、一族の繁栄を祈る。同族の祖神を祀るのは珍しいことではなく、隣接する兵庫県丹波地方でいみじくも同じように永井様を祀る風習がある。そこでは年一回、同族の全戸が集まって餅をつきお供えをする（宮本常一「兵庫県氷上郡鴨庄村」）。単なる偶然か、それとも広域にわたって先祖を同じうしているのだろうか。

永井姓は上山でもっとも多い名字で坊、空、そして鍛冶平から八伏へかけてが中心だ。「上山村絵図」によると、明治の初めには奥谷の四十戸中十六戸を占めており、江戸時代にはさらに上回っていたのかも。

人びとが住みなれたむらをすて、新しい土地へ移るにはそれなりの事情がある。暮らしが立ちゆかなくなった百姓は、集団でむらから逃散した。また中世のころまで職人その他の非農業民は、一か所にとどまらず移動しながら生活する者が多かった。経緯は別にして、新しい土地へ住みついた人びとは苦況に打ちかかって明日を生きるために連帯し、祖先に祈念しながら団結を固めるのだった。永井様は、そうした歴史的事情を思い起こさせる。

ものと情報をはこぶ道

一六世紀ごろからむらの内と外をむすぶ峠越えの往き来が活発になった。戦国時代の軍隊の移動についで、慶長鉱山ブームがその機運を促進する。上山から鉱山へ向けて労務者が通い、薪炭の運搬が行われたことは前述した。その他ムシロ、モッコといったわら加工品や食料などさまざまな物資を供給したことだろう。鉱山からは採掘された銀や銅の鉱石が山から降ろされ、大八車で吉井川の河畔まで運ばれたようだ。鉱山から峠を越え、あるいは山腹をまいてすすむこれらの道は、往き交う人によって踏み固められ地元の人の手で整備されていた。

昔は、洪水で潰えやすい川沿いをさけ、安全で最短距離をむすぶ山道が主流だった。江戸時代の資料によると、上山から村外へ通じる主なルートは、①備前塩田道＝国木峠より塩田村、②打火峠より奥塩田村、③備前山方道＝大芦より北山方村、④鳥坂峠より備前大岩村（佐伯へ至る）などであった

（『東作誌』）。塩田と佐伯はそれぞれ吉井川の舟運と接続し、瀬戸内海へつながっている。上山は美作に属するが、南方へ突き出した地勢であるところから備前との交流が盛んだった。

人とものの往き来が盛んになるにつれ、世間の情報がより多くきめ細やかにもたらされた。知人の消息や人びとの暮らし向き、狐に化かされた話と犯罪の有様、農作物の出来具合から農業技術まで、噂と事実をないまぜて話題はつきることがない。一見無駄話のようでも、各地の動静と新しい知識が盛り込まれていた。

現代ではさまざまなメディアをとおして瞬時に情報とイメージは伝わる。これにくらべ昔は肉声を中心にしていたから、山あいの里にあっては遠方の出来ごとや慣習を知るには時間がかかり、ときに情報がとだえても不思議ではなかった。だが、上山の歴史を調べているうちに、世間の動きが伝わってくる速さに驚いたのは一度や二度のことではなかった。たとえば、全国的な銀山ブームのもとで段の鉱山が開発されたこと、上山の墓が元禄時代にはじまったこと、などなどがそれである。

上山の原型ができあがる

この節では、外来者ともいうべき高原氏と慶長鉱山のブームが上山地域に及ぼした影響をたどってきた。その間の状況を簡単にまとめておきたい。

中世の上山は、西谷と大芦を中心にわずかな人口と農地をそなえたむらであり、周辺地域とくらべて恵まれていたとはいえ、寒村であることに変りはなかった。ところが、武家社会の争乱のなかから、高原氏という小領主が一六世紀に出現したのを機に状況は一変しはじめる。四郎兵衛から重郎左衛門に至る一族は小山、後迫の山野を拓き新しい集落を誕生させる。さらに水利や開墾をとおして上山全体の経営を推しすすめる。

そこへ訪れた鉱山ブームは高原氏の事業につながり、あるいはかさなることで相乗効果を高めたことだろう。上山は鉱山景気で盛り上がり、労務者、職人が奥谷地域を中心に定住する。小山、後迫をふくめて人口と集落がふえ、水田の開発がすすむ。そして八つのブロックからなる現代上山の原型がこの時代にできあがった。

一六世紀は日本社会が中世から近世へ移行する過渡期であるが、上山もまた新しい住民を受け入れることによって、際立った発展をなしとげた。

付、渕尾と慶長鉱山

上山の東に位置し渕尾川沿いに小集落が点在する渕尾《ぶちょう》は、山地におおわれ平地が少ない。山の上にある段を例外として水田はかぎられ、山仕事その他の生業にたずさわる家が多かった。上山とは暮し方ばかりでなく川筋も異なっていて、江戸時代には上山村東分、現在では上山東区と呼ばれている。

渕尾は上山以上に、慶長鉱山との関係が濃密であったことは想像にかたくない。鉱山に隣合わせの段をはじめとして、渕尾からは建築用の木材や杭木、薪炭などさまざまな物資を供給し、村びとは鉱山ではたらいた。また移住してきた労務者の一部もむらに住みつき、活気にみちた。しかし、鉱山の経営が傾くと物資の買付けがへり、多くの失業者がでるのを避けられなかった。地元にこれといった特産品はなく、事態は深刻だった。

こうした状況のもとで、渕尾の住民は田畑の開発に全力を注いだのであろうか。耕作に不向きな谷沿いの集落であるにもかかわらず、元禄年間までに「新田」四町二反を開墾している。生産性が低い畑が主とはいえ、九十年前の検地にくらべ約二倍にふやしており、上山の新田に匹敵する規模であった（表3―1参照）。しかし、一戸あたりの田畑は二反に達せず、まったく持たない家も多かったことだろう。暮らしに困って離村する者が跡をたたないのも無理からぬところであった。

鉱山の不況から百年近く経っても、なお離村予備軍がいたことをうかがわせる史料がある。元禄十五年（一七〇二）の「上山村宗門御改帳」によると、渕尾には「無高」と呼ばれる貧困者をふくめ五十戸、二七四人が住んでいた。ところが明治初めの戸籍帳では四十戸、一八七人とある（表4―1参照）。この激減ぶりは戸数の二割、人口の三割強がむらに住めなくなった事実を示している。

渕尾は江戸時代にかつてない激動の日々を経験したのである。

4章　家の歴史、先祖のこと

戦国時代が終わり、慶長鉱山のブームがつづく近世初期、上山では人口がふえ集落が各地にひろがる。そして上山村の水田は中世から三、四割方広くなった。しかし、まもなく慶長鉱山は下降期にはいり、農地の開発も頭打ちとなった。

それ以後の時代を安定と呼ぶか停滞とみるか、二者択一ができるほど事態は単純ではない。江戸時代後半には全国的な大飢饉があいつぎ、上山もまた冷害その他兇作に見舞われたことが町史、郡史からうかがえる。

本章では、一冊の宗門改帳と過去帳、それにくわえて墓地というかぎられた史料からこの時代の暮らしの変化を覗いてみたい。

一、宗門改帳と家の変遷

三十八人の合同大家族

元禄十五年（一七〇二）の「上山村宗門御改帳」は、家と家族の状況を映し出している。そのなかで一段と目をひくのは、いくつもの家族が寄り集まって大所帯を形成している薬師堂の中島家だ。当主の四郎太夫夫妻に母、祖母、弟をくわえた五人家族のほか下人二家族、家来六家族全員が名を連ねており、総勢三十八人をかぞえる（図4―1）。親族をふくむ下人・家来は住居や道具類を支給された奉公人を指すが、田地がかぎられているこの地域で二十人をこえる働き手がいるのは驚きと言ってよい。中島家は米作りを主とするのではなく、幕末に盛んだったうるし栽培をこの時代から手広く営み、そのために多くの労働力を抱えたのではあるまいか。

余談にわたるが、河会庄には中島姓の庄屋が二戸あり、上山の中島家は三番目の庄屋となった。その関連について『東作誌』は横尾村の「中島社」の箇所でつぎのように記している。「往古戦国のとき、横尾村の内高去と云ふ処にて中島某戦死す、其霊を祭る。子孫今福本村、矢野原村、上山村に在り」。

中島家の合同大家族は事業と家柄に即したものであり、先代から受けついだのであろう。「江戸時代以前にあっては二十人とか三十人といった複合家族で名がつくられ、……一つの農業経営体をつくっていた」という（田中圭一『百姓の江戸時代』）。英田町域では、井口椿谷村で二十四人の大家族があったと町史が伝えるものの、それは一七世紀六〇年代のことである。元禄年間ともなると、こうした大家族はほぼ姿を消し、上山でも突出した中島家を除くと人数の多い家が十二、三人であった。独立した所帯をもてず主家に召し使われていた人たちは、しだいにいなくなるのである。

四郎太夫 22
女房 16
母 47
祖母妙鏡 70
弟□□ 17
下人孫市 44
女房 43
娘ちよ 18
娘とよ 13
子三蔵 6
下人久七 29
女房 24
家来惣十郎 67
女房 49
子□□ 38
女房 30
弟三助 33
妹たま 24

家来六兵衛 45
女房 35
娘□□ 15
子□□ 14
家来源助 35
女房 30
子□□ 4
家来与市 45
女房 37
子□□ 21
子□□ 16
子□□ 13

娘□□ 18
娘□□ 9
家来助左ヱ門 71
女房 68
子与三郎 35
娘□□ 34
娘□□ 3
家来小次郎 17

〆三拾八人 内 弐拾人男 拾八人女

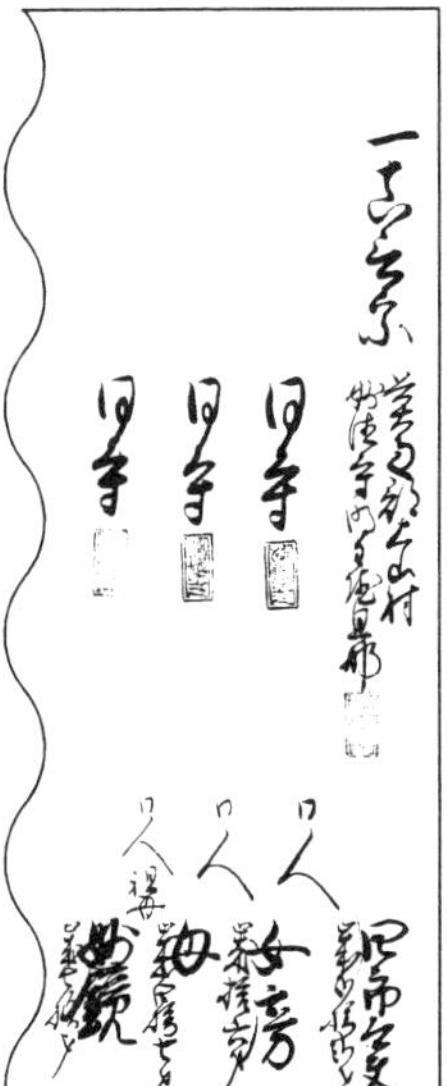

上山村宗門御改帳

図 4―1 合同大家族の中島家（「上山村宗門御改帳」より。数字は年齢）

上山村宗門改帳

「上山村宗門御改帳」は全所帯の宗旨および家族の名前と続き柄、年齢などを記した帳面であり、為政者はこれによって戸数や人口を把握した。元もと宗門改帳はキリシタンの禁止を目的として全国的に作成され、戸籍帳の役割をはたしていた。

上山村では西分の庄屋高原彦八と東分の六郎右衛門に村方がくわわって村民をリストアップし、檀那寺が信徒であることを認め捺印している。三寺四院別の檀家数および地域は左のとおりである。

真言宗妙徳寺明王院　五十四戸
同　右　福寿院　六十八戸
（以上二院）上山（西分、現在の上山区）、渕尾（東分、現在の上山東区）
真言宗真木山長福寺西方院　十戸　赤坂
法花《ママ》宗海田村本妙寺　七戸　上山大芦

ここに記載された上山村の戸数は一三九戸、うち上山が七十九戸、人口は一年以内の出稼ぎ者をふくめ五〇八人である（表4―1）。

現存する宗門改帳について、各所帯ごとに家族全員の戸主との続き柄、性別、年齢をリストアップし、以下の分析を行った。

すすむ小家族化

宗門改帳によると、比較的規模の大きい八人から十三人までの家族が十所帯あり、上山の人口の二

表 4—1　上山の戸数と人口

		宗門改帳 1702年	明治戸籍帳 1871年	1951年	2001年	2012年
戸数（戸）	上山村	139	153			
	上山（西）	**79**	**96**	**98**	**72**	**66**
	渕尾（東）	50	40			
	赤坂	10	17			
人口（人）	上山村	850	720			
	上山（西）	**508**	**457**	—	**199**	—
	渕尾（東）	274	187			
	赤坂	68	76			
所帯規模（人）		6.4	4.8	—	2.8	—

注. 1951年は「上山区費徴収簿」、2001年は英田町の「人口集計表」、2012年は永井益穂区長談による。

割以上を占めている。これらの所帯では、イエ（家）を継いだ夫婦のほかに子ども連れをふくむ弟妹夫婦その他がいて家族の人数を押しあげている。当時、次三男夫婦が同居するのは珍しいことではなかったようだ。

そのほか、大家族にかぎらないが三、四戸に一人の割合で三、四十代の独身男女が存在している。かれらは養子先（嫁ぎ先）、奉公先が見つからず、農繁期の予備軍としてしか期待されることもなく冷や飯を食わされていた。家庭内の独身者のほかに長期間出稼ぎの次三男がいたはずだが、宗門改帳は「一年切奉公」しか載せておらず、余剰人口の一端がかいま見えるだけである。

家族の形でもっとも多いのは、両親と跡取り夫婦が同居する直系家族と、夫婦と子どもとからなる核家族で、両者を合わせると全所帯の三分の二に達した。生産の単位となる近代家族の原型がこの時代にできあがっている。前掲の田中圭一の見解にしたがうと、近世初期は合同大家族がしだいに解体し、主家に奉公していた農民が独立して小農経営へすすむ過渡期にあたる。

宗門改帳から約一七〇年後の一八七一（明治四）年に作成された戸籍帳では、戸数は九十六戸にふえたが、家族数は最大で十人、平均が元禄年間の六・四人から四・八人へと下がっており、小家族化がいちじるしい。なお、結婚適齢期をすぎた独身男女はほとんど見かけなくなった。

ひしめく十代の嫁

宗門改帳のうえで家族名を追ってゆくと、十代の「女房」が多く早婚のいちじるしいことに気づく。そこで宗門改帳に載っている全七十八組の夫婦を対象にして、初婚年齢の算出を試みた。少々乱暴だが夫婦それぞれから第一子の年齢を差し引き、その二年前を結婚年齢と見なすのである（この場合、再婚は想定していない）。その結果、女子の結婚は十四歳が五人、二十歳以下が全体の四割を超える三十四人であり、十代の嫁さんがひしめいていたことが分かる。

なかでも直系家族二十七所帯にあっては、半ばをこえる十七所帯が二十歳未満であり、格別に早婚の傾向がつよい。安定した農家ほど後継ぎをつくることと、健康で長持ちのする労働力の確保に意を用いたさまがうかがわれる。なお、初婚の平均は男子が二十七歳、女子が二十一歳である。

分家の設立

一八世紀初めの宗門改帳で、上山の戸数は七十九戸であったが、明治の戸籍帳によると十七戸がふえている。その内容は不明だが、推察するところ他村からの移住でなく、分家による増加が主であったと考えられる。すなわち、生家に同居したり働きに行っていた次三男が独立して設けた「新家」がもっとも多く、その他中島家のような合同大家族からの分離独立、あるいは親子二代の夫婦の別居などであろう。

○○ホンケ（本家）、△△のモトヤ（本屋）と呼ばれる屋号は、それと対になったシンヤ（新家）とともに現在も使われている。新家は、家族の一部が本家から分かれてつくる新しい家族のことで、分家と同義である。次三男の分家といえば、昔は田畑その他の財産分けを意味していたから、簡単にどの家でもできることではなかった。余裕のある家が景気のよい時代に行うものとされていた。

では、分家はいつの時代からはじまったのか。姉の歌子とともに地元である奥谷を中心に、新家と呼ばれる十七戸をリストアップした。かの女の記憶にもとづいて分家の時期に見当をつけ、記憶のない家については過去帳の記事からおよその年代を推定した。

その結果、一八世紀に一戸、一九世紀前半に六戸、一九世紀半ばから二〇世紀半ばまでの百年間に六戸、敗戦後一戸であることが分かった（不明三戸）。この分布は墓地の普及時期ともほぼ一致しており、分家の設立が一九世紀前半から活発になったことを物語っている（この時代から上山が豊かになったことは、5章二節で述べる）。新家はゆとりの産物であるが、その創設はさらにむらを活性化することになった。

家をまもる株継ぎ

分家はむらの戸数をわずかながらふやしてきた、しかし、近代になってからは減る勢いのほうが勝っていた。奥谷における減り方をみると跡取りのいない老人所帯が相ついで絶家し、大工と屋根屋が商売のしやすい近くの村へ引っ越した。生計の立たなくなった家は工場へ移住し、あるいは隣の村へ夜逃げをするといった具合で、かぞえれば切りがない。

江戸時代にはむらが領主にたいして年貢の納入、夫役の提供を請け負っていたから、戸数が減ると残りの家がその分を負担しなければならなかった。そこで、むらは戸数を維持する手立てを講じるが、そのひとつが「株継ぎ」だった。株継ぎは、相続者のいない家を絶やさないように第三者が他家から跡取りを送り込み、家屋敷や農地などの家産を保全して跡取りのいなくなった家を存続させた。

明治になってからも、上山で株継ぎが行われている。江戸時代と事情を異にしながらなぜ行われたのか、はっきりしない。ひとつは、むらの顔役が隣に住む「奉公人」を、家系が絶えた家の跡目にすえた。生計の苦しい男を引き立てるためか、江戸時代の慣習にならってつぶれ家が出ないようにしたのか、あるいは両方を兼ねていたのであろうか。ふたつめは、先祖を同じくする一族が跡取りのいない家へ身内から相続人を送り込んだ。当人は茶碗と箸しか持参しておらず、その赤貧ぶりが話題となって、長く記憶されることになった。

血筋は絶えても家はつづく

さかのぼって江戸時代のこと。故郷をはなれ津山で亡くなった医師堀内宗仙の石塔が、わたしの生家の墓地の中央にある（『新訂作陽誌』にも掲載）。かれの子孫はこの地に住もうとはしなかったが、故人の遺志を重んじて墓をたてた。わたしの先祖は宗仙の供養を引き受ける代償として家産を譲られ、株を継ぐことによってむらのメンバーとして認められたのかも。そう推理するのは、宗仙が没して後、初めてわが家の名字を刻んだ石塔が現れるからだ。

昔は経済的な理由で家がつぶれ、医療の貧しさから簡単に人が死んだ。むら社会は生き残るために、何をさておいても家の存続を重視しなければならなかった。のどかな風景のなかに点在する上山の家々は、自然と同じくいつの時代も変わらないように見えるが、住む人が入れ替わるのは珍しくない。また明治以降、痕跡さえとどめず消え失せた家屋は多い。中世以来家系がつづいている家は、はたして何軒あるだろうか。血筋は絶えても、家は存続したのである。

二、過去帳でみる墓地の普及

過去帳復元の提案

上山の妙徳寺は、古代に創立された由緒あるお寺だ。にもかかわらず、現在、仏像や文書の類いはほとんど保存されていない。兵火に遇って焼失したとの文献もあるが、確かなことは分からない。お寺が管理しているはずの過去帳もまた行方知れずとなっていた。第二次大戦後、藤原先生こと藤原幹夫（一九〇七〜九六年）は、「過去帳がないままだと、やがて上山の歴史が分からなくなる」と考え、過去帳を作り直すよう提案した。

過去帳は江戸初期、檀家の死者を命日に回向するため、故人の戒名、俗名、死亡年月日、行年などを書き記した帳簿である。宗門改帳とならんで、お寺が檀家を掌握するための基本台帳とされていた。その復元を提唱した藤原先生の家は西寺あるいは願光寺と呼ばれる山伏の家柄であり、仏と神とが調和していた神仏習合の時代には妙徳寺、上山神社などとともに地域の宗教行事を執り行ってきた。だが、神仏分離令につづく修験道（山伏）禁止の措置によって転向を余儀なくされ、廃仏毀釈の運動によって後景へ追いやられたとの印象をぬぐえない。

新しい過去帳

妙徳寺の檀家が持ちよった情報にもとづいて、新しい過去帳（以下、新過去帳と呼ぶ）はできあがった。檀家数は上山で法華宗約八戸と神道三戸を除く六十八所帯に渕尾の十二所帯がくわわっている。宗門改帳が特定の時点での家族状況を書き出しているのにたいし、過去帳は年を追って死者の戒名、死亡年月日その他を書きつらねており、家ごとの歴史といってもよい。新過去帳をめくってまず気づくのは、各所帯の最初に載った筆頭者の没年、つまり過去帳に記載のはじまる年が家ごとに大きく異なっている点だ。たとえば、旧家といわれる中島家など四軒は一七世紀から顔をだしているが、大多数の家が記帳されるのは一八世紀も半ばをすぎてからである。百年ないし二百年におよぶ、この大幅なズレをどう理解したらよいのだろうか。

初期の檀家は家柄のよい家にかぎられたので、過去帳に記載されるのが少数にとどまったとも解釈できる。しかし問題は、新過去帳が元の過去帳をそっくり復元したのでなく、墓碑銘を主に位牌や書付けなどからあつめた情報をもちよって作り直したことから生じている。

新過去帳は完全というわけではない。しかし、作り直すことによって先祖のこと、昔のむらの状況がいくらかでも分かるようになった。この一世紀に転出したり、跡取りがなく絶えた家のこともつかむことができる。新しい過去帳の意義は大きい。

表 4―2　過去帳にみる筆頭者の死亡年

年　次	所帯数
1601～1700 年	4
1701～1750 年	6
1751～1800 年	13
1801～1850 年	21
1851～1900 年	23
1901 年～	1
計	68

墓地の普及は19世紀

新過去帳が墓碑銘その他を情報源として取り入れたのであれば、各所帯の筆頭者の没年から墓地の創設年について何らかの見当がつけられそうだ。

とりあえず全所帯の最初に記載された故人の没年を書き出し、年代順に並べたのが表4―2である。檀家の三割弱にあたる十九戸は一八世紀だが、大多数の六割以上が一九世紀にまとまっている。さらに絞りこめば、この表からは読み取りにくいが没年は四〇年代から六〇年代に集中している。したがって、かれらを葬った墓地の造成は一九世紀半ばに最盛期をむかえたことになる。

しかし実際に墓地巡りをしてみると、すべての石塔から故人の情報を読み取ることはできない。草創期には無銘ないし戒名のみ刻んである墓石が多く、また風雨にさらされて銘文が判読できない石塔もある。これらの事実は新過去帳に記載した年代以前に、多くの所帯で墓地が存在したことを意味する。

そうした事情を勘案すると、墓地造りのピークは一九世紀前半に繰り上がることになる。時を同じうしてこの時代には、河会庄各地で墓地ブームが盛り上がっている。上山における動きはこの風潮と軌を一にした出来ごとであろう。

庶民の墓は元禄から

「古い墓が上山で一番そろっている」中島家の墓地を、丸山基さんの案内で訪れると、この地方では珍しい大型五輪塔、家型《いえがた》と呼ばれる箱状の墓標などさまざまな石塔が並んでいた。

中島家は、幕末には上山村西分の庄屋をつとめた旧家である。もっとも古い石塔は一七世紀末、元禄年間（一六八八〜一七〇四年）のころの銘が刻まれており、山村にありながら豊かな経済力をうかがわせる。元禄期の石塔は中島家以外にも上山に二軒あり、またゴノカミにある権現様の石灯籠には元禄十二年の文字を判読できる。「庶民の墓は元禄から」という通説を裏書きしている。

といっても、それ以前に「墓」に相当する施設や儀式が存在しなかったわけではない。旧い家には現在の墓地以前に造られた「古墓《ふるばか》」がのこっている。自然石まがいの墓石から梵字と没年を読みとることができれば良いほうで、無銘のことが多い。もちろん年代は不明であり、戒名がないところをみると、檀家制がまだゆき渡っていない一七世紀後半から一八世紀のころのものであろうか。古墓は墓地に先がけた施設としての意義はあっても、文字資料に置き換えることはできないので、墓地の歴史の番外編ということになる。

写真 4—1　中島家の墓地

古墓以外にも、死者の供養が行われていた形跡がある。妙徳寺の新過去帳は、元禄時代より半世紀をさかのぼる寛永五年（一六二八）に、安東家の先祖が死亡したことを記帳している。当時まだ墓碑銘を刻んだ墓が出現していなかった（?）から、位牌その他に没年を記しておき、故人の霊を祀っていたのか。

石塔が建てられる以前の個人情報として、わたしの生家には位牌に相当する板片が十枚近く保存されている。いちばん古いのは、「堀内市右衛門　妙法法住院宗清」で、没年は寛文六年（一六六六）とある。堀内以外に亀田、谷口、江口といった名字があり、妻子をふくめ三十人ばかりの名前が載っている。没年は一七世紀後半から一八世紀末にわたる。そのうち墓地で石塔を確認できるのは、無銘の置き石のあいだにかろうじて〇〇禅尼、△△△禅定尼と判読できる大型の二基のみである。前記の板片と照合すると、かの女らは一八世紀前半に死亡しており、石塔もそのころ建てられたのだろう。位牌に名前をのこした人たちは、根っからの百姓ともみえず素性は不明だ（かれらは新過去帳にはだれ一人として載っていない）。

三、墓をめぐるエピソード

晴れた日に上山をあるくと、人家の近くであちこちに点在する墓地が白く照り映えている。この二、三十年くらいのあいだにつくられた新しい石塔や改装した石垣などが光を反射しているのだ。上山をはじめこの地方では、家ごとに墓地を設けていた。古い墓地の多くは人家より高い山際にあって、大小とりどりの石塔がひっそりと並んでいる。見映えはわるくてもそれらの石塔は故人の名前や没年、続き柄などを刻んで家の由緒来歴をつたえており、むらの歴史を推し量るうえで役立つ。庶民の石塔は、直系家族による家制度の確立に合わせて約三百年前にはじまった。

幽霊がでる墓地

一九六〇年代に火葬が取り入れられるまで、上山では棺桶に遺体を納めて土葬にするのがふつうだった。だが、時代により家によって埋葬の仕方は一様ではなかった。骨壺が発見されている中世五輪塔の場合、火葬が行われたのか、いったん野外に放置した遺体を焼く焼人骨葬であったのか判じがたい。また、近代になってからも一本の石塔に二人の名前を刻んだ夫婦墓を見かけるが、どのように葬ったのだろうか。

子どものころ墓地は幽霊がでるところであり、なかでも日光がささず湿っている地面は気味がわるかった。当時、石塔がなくても死者を埋葬した場所があるなどとは考えもしなかったが――。

お墓がなかった昔には、死者の霊は自然へ還ってゆくと考えられ、亡骸を山野へ放置する風葬が行われた。また穴を掘って直接遺体を埋める方法がとられたはずだ。江戸時代からは埋葬の場所を定めて墓地とし、遺体を葬ったうえに墓石をおく形が定着した。しかし現在の墓地には直系家族以外の石塔や幼児墓をごくわずかしか見かけない。その状況から推して、家族全員を等しく先祖として葬ったわけではない。石塔のない死者たちは近代になってもまだ原始的なやり方に委ねられていたのではあるまいか。

時代はさかのぼるが、「平安時代から鎌倉時代の初めにかけては……山野や路傍に放置された死体が日常的にみられた」と勝田至『死者たちの中世』は京の情景をえがいている。都から遠くはなれたむらともなれば、風葬や穴葬がのちの時代まで行われたことは充分に考えられる。

写真 4―2　家型の墓標
（英田町奥にて）

大型五輪塔と豊島石

江戸時代の墓地で目立つのが大型五輪塔であり、好奇心をかきたてるのが「家型」の墓標だ。

上山で武士や僧侶らを葬った中世の五輪塔は、高さがそうじて一メートル以下の小型であった。ところが江戸後期になると、二メートル前後と大型化した五輪塔が現れる。前出の中島家のほか医師や妙徳寺住職その他、上層部にかぎられてはいたが――。

英田町域に目を転じると、江戸時代の村ごとに少なくとも一、二基の五輪塔が現存する。圧巻は昭和初期に刊行された『英田郡史考』が誌す大字奥の「豪族中島氏の墳墓」で、そこには一丈二尺（三・六メートル）の超大型塔をはじめ大小六基がならぶという。物見高い性ゆえに早速現地を訪ねるが、地元の人も心当りがなく、幻の五輪塔に終わった。金に飽かして建てたものの、巨大すぎて重さにたえられず倒壊したのであろうか。五輪塔は金持ちの墓といわれ、一九世紀前半に豪華さを競ったが、天保年間の墓石規制の通達以後姿を消した（『英田町史』の「葬式・墓の規制」参照）。

いっぷう変わった写真4―2は家型とも、人によっては社《やしろ》とも呼ぶ。江戸時代後期から建てられた墓標のひとつである。

この墓石は瀬戸内海の豊島《てしま》で採れた角礫凝灰岩を使っていて、複雑な加工に適している反面、風化して壊れやすく原形を保っている墓は稀である。美作町で石材加工業を営む上山出身の堤正巳さんの話では、豊島石は海を渡り吉井川を高瀬舟でさかのぼったのち、峠を越えて上山まで運ばれたとのこと（現在、豊島石は枯渇したので採掘されていない）。なお、豊島はバブル期に産業廃棄物の投棄で全国的に一躍有名になった香川県の島で、岡山県からも近い。

上山の墓地を巡ると、思いもかけぬ所に家型があり、五輪塔とちがってかなり多くの農家に据えつけられている。自給自足といわれた時代にもかかわらず、舟便で運んだ墓石の普及は、商品経済の浸透した証といえよう。豊島石導入の要因としては、江戸後期に農家の上層部に経済的な余力がそなわり、都市や平地部と同じく流行品にたいする購入意欲が高いこと、小豆島の霊場巡りで隣接する豊島の情報をふんだんに得ていたこと、などがあげられよう。

百姓の名字

墓地回りをはじめてから数年後のこと、ある石塔の前で一瞬息を呑んだ。「江戸時代の百姓に名字がある！」。見なれた墓地だったが、初めて気づいたのである。

百姓に名字はない、と高校の教科書で覚えたのか、成人してのち本で読んだのか思い出せない。しかし刷り込まれていたことは間違いなく、友人知人に聞いても「名字があった」とする答えは返ってこなかった。一九七三年に発行された高校教科書をひらくと、明治になって身分制を撤廃し「平民も苗字をゆるされ」たとある。また八七年発行の『日本大百科全書13』には、「普通の農民などは苗字をもつことが許されなかった。ただし」「大百姓などが……苗字帯刀を認められた」と書かれている。これでは百姓に名字がなかったと考えても不思議ではあるまい。

ところが、上山と境を接する佐伯町の町史（七五年発行）に興味ある記事が載っていた。一九世紀前半のいくつもの墓石に本百姓の名字が刻まれている事実をあげ、「苗字は明治以前から多くの人びとは持っていたのであるが使用できなかった。ただ死亡後墓石に刻み込む時……使用を許していた」と解説している。ようやく共感できる記述に出会うことができた。

その後、奥富敬之『名字の歴史学』と題する本を読んで、庶民は名字をもっていたが名乗ることをしなかったとする洞富雄論文の存在を知った。そしてこの論文が長いあいだ市民権を得られなかったということも。墓石の名字にはこのような背景がかかわっていたのだ。

一八七〇（明治三）年一〇月、明治政府は平民に名字を許した。「上山村絵図」はその翌年に完成したが、全戸にもれなく名字がついている。それは政府の許可に先立って、ほとんどの家に名字があったことを意味するのではないか。

男尊女卑とはかぎらない

庄屋をつとめた旧家の墓地で、俗名の代りに「〇〇〇〇室」とか「△△△母」と刻んだ石塔にいくつか出会った。女は夫に付きしたがう立場だから、名をのこす必要がないとの趣旨であろうか。名前を書かない習慣は、同時代の宗門改帳にもみられ、そこでは「女房」とだけ記されている。こうした事例は、封建時代には女の人権を認めず差別をしていた、という意見を裏書きしている。

だが、丹念に観察すると、こうした「常識」がすべて通用しているわけではない。わたしの生家の古い墓地には、不似合いなまでに背丈の高い石塔が三基たっている。うち二基は前述したように禅尼、禅定尼と刻まれているから女性のものだ。男女分けへだてなく遺産を分与した中世の考え方を踏襲し、一定の社会的役割をはたした女性にたいして破格の石塔を贈って弔ったのであろう。

本屋《もとや》と呼ばれる小林家の墓地も興味ぶかい。一八世紀末から百年間にわたって夫婦四代の石塔が連なっているが、どの夫婦も形とサイズを同じくする一対なのだ。ひと組だけならどこにでも見かけるが、これだけ揃うのは珍しい。そのなかで長寿を全うした夫が愛妻家だったのか、若くして亡くなった先妻と年のはなれた後妻の石塔とを差別していないのはほほえましい。この墓地にあっては、妻の名前が名なしの権兵衛ではなく、フルネームで刻まれているのは言うまでもない。

小林家は、墓地を継続管理してゆくだけの経済力をもつ自作兼小地主であった。作男をおいて田をつくっていたから、主婦は一家を取り仕切りながら農作業にもかかわっていたはずだ。夫婦同格の石塔は、そうした家の事情を反映したと考えることができる。

江戸時代だからといって、男尊女卑とはかぎらない。男尊女卑や百姓に名字を認めない慣習は、所詮為政者の論理であって、百姓には百姓の生き方と暮らしがあったのだ。

石塔のない墓地

むらには、昔からの石塔がならぶ格式の高い墓地もあれば、新しい墓石だけの小さな墓地もある。また無縁仏なのか、山際に石塔がひっそりと建っていたりする。さまざまな情景のなかで、見過ごせないのが「石塔のない墓地」だ。

かつて小作と渡り職人を兼ねていたJさんの家は、竹藪の片隅に設けた墓地に比較的新しい石塔三基のほか平らな石が二、三箇置かれていた。石塔のない先々代までのことは位牌か書き付けた紙片に頼っていたのだろうか。また賃仕事と小作で暮らす小学同級生の家は、戦後も墓地に石塔がなく、台石や自然石をおいた状態のままだった（その後一家は墓をもって県南工業地帯へ転出する）。そのほか番太と呼ばれていた家では、お寺から戒名をもらえず石塔を建てることができなかった。

石塔がない墓地は、貧しさにくわえて前世紀からの差別がつづいていたことによる。すべての墓地に石塔が据えられたのは二〇世紀も後半になってからだ。墓石と墓地は、崩壊し消滅する日まで暮らしの実像を映しだしている。

Ⅱ部　近代の池普請とその時代

上山の棚田に生命を吹きこんだのは大芦池である。

Ⅱ部では明治、大正、昭和に行われた三回の池普請に焦点をあて、その取組をとおして時代ごとのむらの特徴をえがく。

三つの工事が行われた年代はつぎのとおりである。

①明治半ば＝一八九〇（明治二三）年

②大正末期＝一九二四・二五（大正一三・一四）年

③第二次大戦後＝一九五七（昭和三二）年

5章　田地が二・五倍になった!?

一、明治半ばの溜池改修

事故への対応

高原の突端で水流をせきとめて築いた大芦池《おあしいけ》は、いったん土手が崩壊すると土石流は加速度をつけて急斜面を一気にかけくだり、多くの農地を潰滅させる怖れがある。いまから一世紀以上前の一八九〇（明治二三）年に、上山《うえやま》はそうした危機の兆しと向き合った。

そのときの記録として「岡山県美作国英田郡河会村大字上山字大芦大池溜池修繕記録」という長い長いタイトルの文書（以下「修繕記録」と略）が現存している。この文書をもとにして、ことの経過と工事の内容をたどってみたい。冒頭につぎの文章がおかれている。

一、右溜池破壊ニ付協議ノ為メ明治二十三年九月二日、水請部落人氏大池ニ集合シ種々協議ノ上概略修繕スルコトヲ決定ス

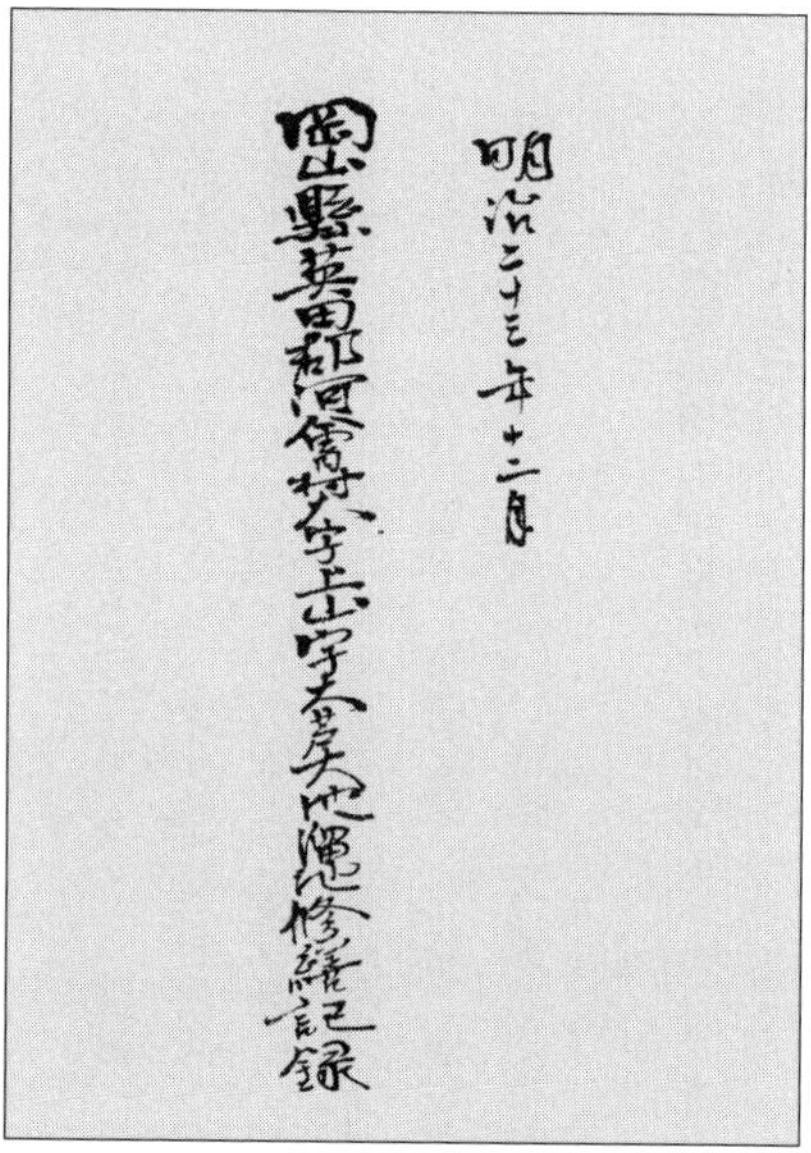

図 5―1　大芦池修繕記録（表紙）

一、同年九月十三日、助役円見大太郎氏立会水受《ママ》人氏ノ総集会ヲ開キ一同協議ノ上修繕スルコトニ議決ス　次ニ該工事中担当人ノ選挙及人夫ノ賃銭実費ノ費額賦課法規約ヲ議定シ一同之ニ捺印ス

仕切るのは「水請人」

むらの取組は、九月二日に上山地域の「水請人《みずうけにん》」たちが大芦池の現場へおもむいて事故状況を確認することからはじまった。対策を協議してただちに修繕計画の作成にとりかかり十一日後の九月一三日、水請人の「総集会」を開いて修繕計画を正式に決定した。水請人とは、池水を用いる田地の所有者のことで、地主および自作農がこれにあたる。

総集会では、つぎの事項をもりこんだ「工事規約書」を採択する。①工事遂行に責任をもち、事務の処理、職工人夫の監督にあたる工事担当人三名の選出。②人夫《にんぷ》賃は一人歩《にんぷ》につき十五銭。③総工事費は水請地主より反別割六分、地価割四分で徴収することとし、期限は翌年一月とする。

ここでは総工事費は示されない（明治時代には事前に予算を組むのではなく、事後清算が普通だった)。代りに、集会では工事費算出の基礎となる人夫賃の標準額と水請人にたいする賦課方法をとり決めたのである。この議決は、不在地主や上山へ入作をしている他村の農家を拘束する。ここに総集会のもつ意味があり、河会村の助役を立ち会わせたのも、議決事項の遵守をせまる儀式だったのだろう。

昭和の工事と瓜ふたつ

工事は、土手を約五メートル掘り上げることからはじまっている。そこへ築土用の「黄土」を幅平均二・三メートル、長さ八〇メートルにわたって運び入れ、締め固めをして新しい土手を完成した。現在の土手は幅六～八メートルの頑強な造りに衣替えをしたが、堤長は両端を山で区切られているので明治もいまも変わらない。この改修について、藤原武男さんは「土手のかさ上げをしたのだろう」と語っている。大芦池の基本的な形はおそくも一九世紀に出来上がっていたのだ。

人夫の配置は、土手内掘上げ、黄土採り土方、槌と杵からなる土手の「団地」(ダンジ)、置土および土手裏仕上げといった四つの工程に分かれていた。この配置の仕方やダンジを引き回す音頭の状況は、先に紹介した第二次大戦後の工事と驚くばかり類似している。なお、土手の盛土につかう「黄土」は昭和期の「ハガネ」、後にふれる大正期の「鋼土」と名称が異なっているものの、同じ粘土質の土である。

工事は水田への給水を中止する一〇月四日に着工し、収穫時の農繁期を中休にして一二月二一日に

表 5—1　1890 年の大芦池改修費

科　目		金額	備　考
人件費	人夫賃	465円	3098人5歩×15銭
	職工他	67	
その他経費		58	
総工事費		589	
賦課金	反別割	353	水請反別 48町×7円36銭
	地価割	235	
計		589	

注．金額欄は銭以下は四捨五入した。人夫数は無給労働（戸毎補助歩）の 87 人歩を差し引いた有給労働分である。

完成する。実働四十一日間であった。

人件費が九〇％

この普請にかかった工事費は五八九円で、人夫その他の人件費が五三一円と全体の九〇％を占めている。現在からは考えにくい比率であるが、当時は大型の建設機械を使用せず、またセメントや鉄骨などの材料を購入することもなかった。労賃以外には黄土の代金や道具の置場所代、諸雑費などのこまごました経費のみで、五十八円を計上しているにすぎない。明らかに労働集約型の人海戦術が採られていたことを、これらの数字は物語っている。

従事した労働者の総数は「総人歩三千五百二人七歩九厘」とあり、その九一％に相当する「三千百八十五人四歩九厘」が「人夫」としてはたらいている（残り九％が職人、音頭取りおよび工事担当人である）。約九十戸の上山からこれだけの人数が働きに出たのだから、史上空前の出来ごとと言ってもよいだろう。

仕事別の賃金

人夫の賃金は、どのような仕組で計算され、いかほどの金額が支払われたのだろうか。集会で前もって「一人歩十五銭」と決められているが、それは男子の標準的な労働量にもとづいた基準賃金である。だれでも一日十五銭をもらえるわけではなく、作業内容に応じて支払われることになっていた。

以下、「修繕記録」の記載から仕事別の日当を試算する。

「黄土土方人員一日平均　七十五人
　此人歩九十人歩」

黄土土方の場合、七十五人の一日分の賃金総額は、十五銭に九十人歩を乗じた十三円五十銭であるから、これを全員で頭割りをすると日当は十八銭だったことがわかる。山から粘土を切り出す労働は、人夫仕事のなかでもっともきついとみなされていたから、標準額を上回っていた。

つぎに、杵をつくダンジの仕事について、黄土土工と同じように計算してみる。

「土手内団地・杵ノ分人員一日平均　七十人
　此人歩二十四人五歩」

七十人の賃金原資は、十五銭に二十四人五歩を乗じた三円六十七銭五厘であるから、一人別の日当は五銭二厘五毛であり、一人歩分の十五銭を稼ぐには三日間はたらくことになる。ただし、この作業が昭和の工事並の軽労働であったとすれば、極端な低賃金とはいえまい。

人夫以外の賃金はつぎのとおりで、手に職をつけた石工や音頭取りが職能を評価されて高額なのが目立つ。

職工（石工）平均三十四銭、音頭取り二十八銭、担当人（現場監督）十七銭

なお、全国的な比較のために建設（屋外）労働の日雇賃金を調べてみた。『値段の明治大正昭和風俗史』によると、明治十八年に十六銭、同二十五年に十八銭である。上山で明治二十三年に「一人歩十五銭」と定めた金額は、全国平均をわずかに下回るものの、山間僻地という地理的条件を考慮にいれるとほとんど格差がない。

労賃を負担する地主

大芦池「修繕記録」は半紙五枚を二つ折にして綴じた文書で、作業の状況を要領よくまとめている。これを作成した中島与太郎、小林宗吉、小林勘三郎ら三人の工事担当人は庄屋、年寄など村役人の分家筋や自作農といったむらの中堅層である。かれらが担当人に選ばれたのは地元の普請や行事に慣れているうえ、読み書きそろばんの技能を身につけていたからだろう。

現場監督の立場から記録された文書には、事故の内容や工事の目的が明らかにされているとは言いがたい。担当人の背後にあって、改修の大綱を決定する実力者が存在することを、この文書は示唆している。

改修には住民の賃労働、田地所有者（水請人）の工事費負担という二つの側面がある。村びとは出役によって十五銭の日当を約四十日分受け取ったとすれば、一戸平均約六円の賃収入を得た計算にな

る。これは米一石分（約一五〇キログラム）に相当する金額であり、歩のわるい仕事ではなかった。

一方、労賃が九割を占める総工事費五八九円を調達するために、田地所有者にたいして拠出金が割り当てられた（田地をもたない小作人、職人、日雇などは除く）。ただし、上層地主が水田面積の過半数を所有していたので一般農家の負担は少なく、五反以下の農家に至っては賃金が拠出金を上回った。工事資金は実質的に地主が拠出したといっても過言ではない。

なお、この工事にあたって全戸へステブ（無給労働）が一日分割り当てられているが、近代の池普請でステブがわずか一日という例は見当たらない。

世間相場の日当をはじめ、こうした村びとへたいする「厚遇」は、村政をあずかる地主の温情主義の反映か。あるいは、持てる者が負担するのが当然とする合理的な考え方が支配していたのだろうか。百姓の暮らしは貧しかったが、明治という時代はあながちわるい世の中ではなかった。

二、19世紀の潜在力　水田拡張の軌跡

二倍半というナゾ

明治二十三年（一八九〇）の大芦池「修繕記録」の末尾に、「此水請反別四拾七町九反九畝廿五歩」とある。水請反別とは溜池用水でうるおう水田面積のことで、上山の水田総面積にほぼ相当する。

表 5―2　上山における農地の推移

年　次	水田	畑	計	備　考
1608(慶長 13)年	17町 0反	12町 1反	29町 2反	慶長検地（『東作誌』）
1697(元禄 10)年	19　2	14　9	34　2	村高改定時（同上）
1890(明治 23)年	48　0	−	−	水受反別(「溜池修繕記録」)
1924(大正 13)年	56　1	−	−	同上（増堤・修繕記録）
1951(昭和 26)年	55　2	−	−	同上（「区費徴収簿」）
1970(昭和 45)年	50.6ha	10.5ha	61.1ha	「2000 年農林業センサス」

上山の総面積は一七世紀末に十九町二反であったが、そのときから約二十九町歩ふえて四十八町歩になったのだから、二倍半にひろがった計算だ。そのうち「天保郷帳」がつくられた一八三四年まで、上山村の石高（耕地の生産高）はほとんど変わっておらず、一七世紀末以来建て前として田地の増減がなかったことを示している。

とすれば、ふえた二十九町歩は少なくも天保以後、明治前半までの半世紀間に開発されたことになる。しかし数百年間、かぎられた田畑を営々と耕してきた百姓が、この時代になったとたん、一挙に田地を二倍半にした、などと信じることができようか。

一八世紀以後、為政者が検地を本格的に行って村高を改訂した記録はない。一方、農家がこの間無為に過ごしたわけではなく、開発した農地は行政の側から言うところの「隠し田」と呼ぶより「隠れ田」として存在したのであろう。公の記録にはのこっていないけれども。ともあれ「二・五倍化」の謎をとくため、つぎに4章でふれた点をふくめ開発関連の出来ごとをまとめてみよう。

むらの生産力が一九世紀後半になって、突如高まったと考えるのは不自然であり、江戸時代からの米作りでたくわえられた力に負うと考えるのがふつうだろう。そもそも新田の開発は、食うや食わずの状態を脱けだしたときに可能となり、また開発がすすむと家やむらに一定の変化が現れるはずだ。その状況は要約して掲げるとつぎのとおりである。

(1) まず家の観念が上層農家のあいだに定着し、先祖を供養するための墓地がひろがる。一九世紀をむかえると、旧家が高価な大型五輪塔をたて、中堅層が豊島石の墓をすえつける一方、全戸に墓地が普及する。こうした動きは生活水準の向上を物語る。

(2) 戸数がふえ、家の在り方が変わるのもこの時代の特徴である。一八世紀の初めには七十九戸にすぎなかったが、世紀末にはおよそ八十八戸(『東作誌』から推定)、一九世紀後半になると九十六戸へとふえている(表4—1参照)。家族構成のうえでは、夫婦を中心とする小家族がしだいに主流となり、次三男の分家があいつぐ。分家の設立は、わずかとはいえ田畑を分譲するゆとりができた証といえるし、家族労働は生産を拡大する要因となった。

(3) 幕末に上山でうるしや茶の栽培が行われたことを『英田町史』が伝えている。米作りに上積みすることによって、むらはより安定したと考えられる。

(4) 上山神社の境内には小じんまりとした拝殿と対照的に、間口五間(九メートル)という近郷にも珍しい大型の舞台が設けられている。幕末の一八六四年に建てられ、地方巡業の一座をまねき芝居を上演したという。その時代から農閑期に娯楽をたのしむ余裕が生まれていたのである。

(5) 同じ幕末のころ、国学者で歌人の平賀元義が庄屋高原家に泊っており、また上山で詠んだ歌がのこっている。文化にたいする高い関心の表れとして注目される。

これらの出来ごとは、むらが暮らしのうえで変化してゆく有様を反映している。つぎに生産面での動きを溜池の状態から類推してみたい。

幕末にも溜池改修?

溜池による灌漑の歴史をふり返ると、中世までは約十町歩の田地に給水するため少ない水量で足りていた。近世になってからも水田は近代の三分の一の規模にとどまっていたから、それなりの増堤で間に合った。ところが一九世紀以降の開発は半端ではなくなり、貯水量をふやすための改修が必要になった——。

ひるがえって明治の池普請をみると、伝統的な工法を採用し挙村態勢での取組は安定していた。それは先行した工事のノーハウを受けついだことを意味する。したがって、それ以前の大芦池がひとまわり小さかったとしても、遜色のない技術をそなえていたことは疑う余地がない。では、明治期に先行した池普請はいつ行われたのか。一八九〇(明治二三)年から大正・昭和期の底樋取換えの周期である三十年強をさかのぼった、一八五〇年代の公算が大きい。この時期に土手をかさあげし貯水量を大きくすることは、いっきに走り出そうとする新田開発を促進したことであろう。

以上みてきた暮らしの変化と溜池の改修は、江戸後期におけるむらの潜在的な力を表している。この時期、むらは極貧から脱け出して経済的に豊かになろうとしていた。豊かさは水田拡大の結果であり、また出発点であった。

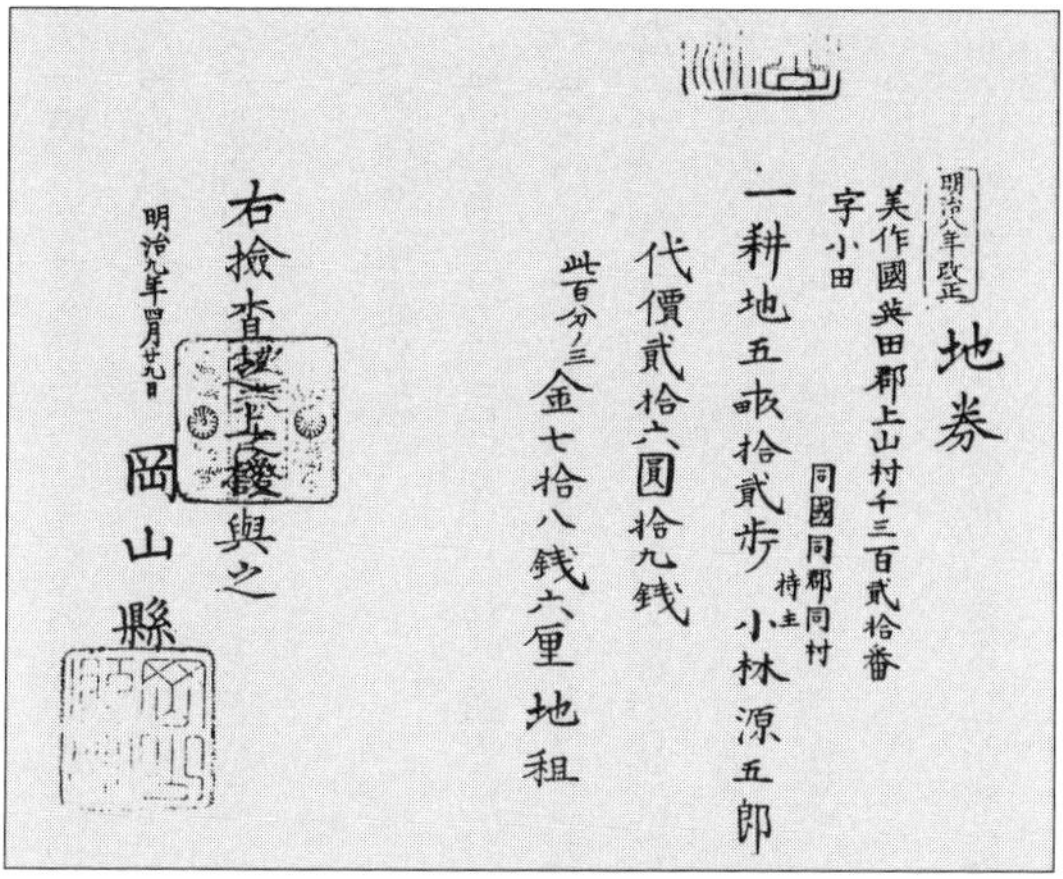
明治八年改正
地券
美作國英田郡上山村千三百貳拾番
字小田
一 耕地五畝拾貳歩　同國同郡同村　持主　小林源五郎
代價貳拾六圓拾九銭
此百分ノ三　金七拾八銭六厘　地租
右検査之上授與之
明治九年四月廿九日　岡山縣

図 5—2　1876 年発行の地券

地租改正の実施

明治新政府が実施した地租改正は、一九世紀の農村にとってもっとも大きな出来ごとであった。それはここで取り上げている上山の田地「二・五倍化」の謎をとく手がかりともなるのだが、まずはその輪郭をスケッチしておきたい。

地租改正は土地制度ならびに税制の根本的な改革であった。江戸時代に土地は藩の所領として運用されたが、新政府は私有権を認め、土地の価格にたいして三%の租税を課したのである。そのためあらかじめ田畑などの測量と反あたり収穫量の査定を行ったうえで、一八七五（明治八）年から実施した。そのとき地目、面積、地価、税額などを記入した地券が土地所有者に公布された（図5—2）。

これに先立って一八七三年、美作地方では徴兵制をはじめとする一連の施政に民衆が反発して「血税一揆」をおこした。また地租改正その他に反発する民衆運動が全国的にひろがり、苦況に立たされた政府は地租を二・五％に引き下げている。このような紛糾をまねいた「とはいえ、地租改正自体に反対する農民はいなかった」とされる（牧原憲夫『文明国をめざして』）。

「隠れ田」が謎をとく

地租改正に先行して行われた調査は、江戸時代初めに行われた検地にも匹敵し、測量によって租税の対象である農地の実態を明らかにした。しかしあいにくと上山の記録を手にすることは出来なかったので、代りに隣合せの和気郡の状況に目を向ける。そこでは郡内十四か村の田畑の面積が、改正前の台帳にくらべて平均三、四〇％広くなっており、なかには七、八〇％台の村もあった（『和気郡史』、表5―3参照）。隠れていた農地が表に出たのであり、近接する吉井町でも同じ現象がおきている（『吉井町史』）。

上山の場合、江戸後期に暮らしが楽になり、溜池による灌漑が改善されるなど活気を呈していた。その背後には農家が開発につとめた結果「隠れ田」がひろがり、台帳面積にかなり上乗せをした形跡があることは前述した。

ここで隠れ田の比率を一七世紀末の帳簿面積にたいして五〇％、九町六反と仮定したとき、幕末の水田は約二十九町歩となる計算だ。したがって、明治前半に二十町歩も開発すると優に四十八町歩に達することができる。隠れ田を認めることによって「二・五倍化」は謎でなくなるのだ。むらは幕末から明治へ連続していた。つぎに、明治期の開発のもようをさぐりたい。

「合わせ田」に取り組む

八伏地域の下手にこの辺では比較的ひろい田地があり、正式には小田《おだ》、通称は下《しも》の田と呼ばれていた。わたしの生家の所有地で、姉からの又聞きによると元もとは山の湧き水をつかう小さな田が何枚かあった。いつのことか分からないがそれをまとめて大きな田に造りかえる、「合わせ田」を行ったのだという。現代の圃場整備である。

現場は斜面を大きく削り落として高さ五、六メートルもの石垣を築いており、山と隣合わせの場所にしては不似合いな景観を呈している。六、七枚のうち合わせ田の二枚は一反弱とややひろく、付近には匹敵する大きさの田んぼは見受けられない。このていどの広さ、といまでは思うかもしれないが、重機がない時代にツルハシやモッコなど、昔ながらの農具をもって造成するのはたいへんな労働であったにちがいない。

小田の反別の推移をたどると、地租改正のさいに発行された明治九年（一八七六）の地券には小田は合わせて一反四畝が登録されていた。それから約六十年後の上山区耕地台帳の記載は二反五畝である。この間に反別は二倍近くにふえ、合わせ田の言い伝えを裏づけている。

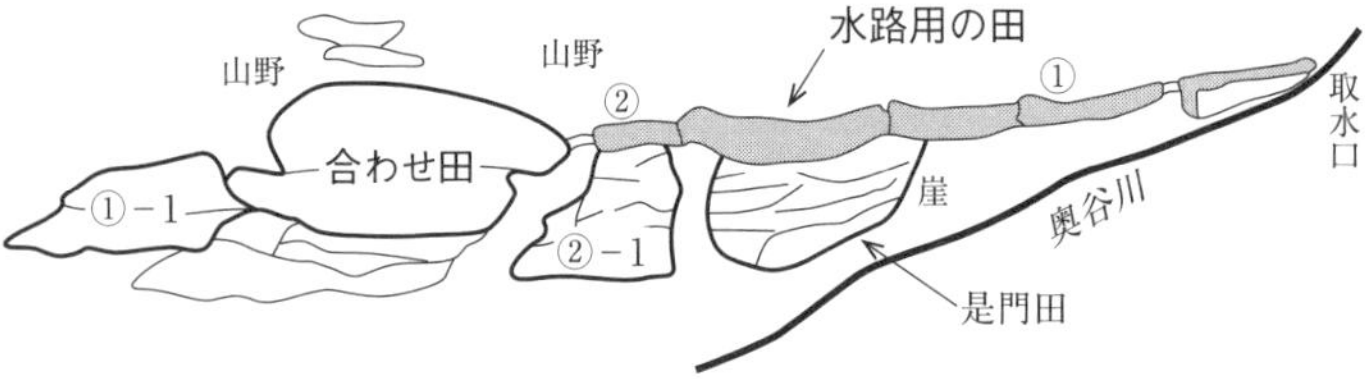

①：F さんの田、①－1：F さんの新田
②：K さんの田、②－1：K さんの新田
無記名の田は生家の所有地

図 5—3　小田の合わせ田と水路

写真 5—1　山を削り高い石垣を築いてつくった、小田の合わせ田

用水路は新田を拓く

合わせ田の工事にとって見過ごせないのは、水利のはたす役割である。奥谷川から取り入れた用水は、急傾斜地に拓かれた横長の田五、六枚を経由して合わせ田の一枚目へ注いでいる（図5―3）。水路にあてがわれた田は新たに開墾されたものか、出来合いの田を一部流用したのか不明だが、全体が平らといってよいほどわずかな高低差のなかに収まっている。冷たい水は稲作に適さないため、ゆるやかに流して水を温めるように設計されているのだ。

巧みに造られた水路用の田は、三軒の農家が持ち主だった。工事にさいし、三軒は共同して作業を行ったはずだが、うち二軒は他人のために無償の協力を惜しまなかったのだろうか。周辺の田地をながめているうちに、意外な事実を発見した――。

この水路の真ん中辺りの下側に、是門田と呼ばれる生家の田地があった。この水路以外から水を引くことができない場所であり、古くは是門畑と記録されている。つまり、水路新設を機に畑から田へ地目を変換したのだ。面積は二反一畝とある。

是門田の下手に並ぶFさんの田地も水利事情は同じだから、開墾または畑からの転換によって水田になったはずだ。七畝前後か。つぎに、小田の下手にあるKさんの田二枚は合わせ田から落ち水を引いているので、同じ時期に山地を開拓したに違いない。五、六畝見当の広さである。

合わせ田をした結果、ふえた水田は合わせて五反近くにのぼり、当時の農家一軒分の面積に相当していた。三軒は共同して水路を造ることにより、だれもが利益を得たのである。

井手の開通と再開発

薬師堂と坊の中間に位置する「棚田」地域でも合わせ田が行われた。小田が川掛りであったのにくらべ、こちらは大芦池の水を引く池掛りであり、その規模は小田をはるかに上回っていた。「棚田」は山の出水《でみず》を水源とする小さな田んぼの集合地であったが、薬師堂方面へ大芦池からの井手を開設することによって灌漑できる見通しがたった。この機会をとらえ田んぼの持ち主たちは合わせ田にとりかかる。田の岸をくずして土地をならし、少しでも大きな田に造りかえようとし、また周りの山地を開墾して新田をつけくわえた。こうして大小の水田が入り混じり、およそ棚田らしからぬ風景に変わったのである。

再開発の年代ははっきりしないが、伝承の賞味期限や井手の開設から推測して、百年くらいさかのぼる明治時代か、おそくも大正前期までのことであろう。なお時代は下るが、八伏では井手の開通にともなって畑から水田への切換えがすすんだ（9章一節参照）。

言うまでもないことだが、水田の拡大は用水路の開通とふかく結びついていた。

茶畑から水田へ

上山でいちばん大きな田は二反である。この広さの田は二枚あり、そのうちの一枚は後迫にある高原一志さんの「そねの茶畑」だ。その名のとおり、元は藩の奨励策にもとづいて、茶の木を植えた畑であった。茶の栽培は、明治になると特定の地域を除いて下火となり転作する農家があいついだ。一志さんの家も例外ではなく、祖父は茶の木を掘りおこし、両側のそね（尾根）をくずして埋め均らすとともに山を迂回して池水を引き、水田に変えたのである。耕作面積が一戸平均四、五反の時代に二反の新田を捻出したのだから、画期的な出来ごとといってよい。この重労働を支えたのは、広い田地をもちたいという百姓のつよい要求であろう。

八伏の合わせ田工事にともなって、是門田が畑から田へ切り換えられたが、同じような事例は多い。一九三四年の上山区耕地台帳をひらくと「○○○畑」と名づけられた農地が約十か所あり、その大半が水田に変わっていた。

一九世紀には地主や一部の上層農家だけでなく、一般農家がひろく合わせ田や新田開発、畑から田への切換えなどに取り組み、水田大拡張の一翼をになっている。こうした背景には何らかのかたちで地租改正の影響があったと考えられる。

地租改正の行方

ふたたび地租改正について。和気郡十四か村でひろく「隠れ田」が公になり、新制度のもとでの税額は十二か村で減り、村単位でみた負担率は平均して八八％に下がっている（表5―3）。この件で『和気郡史』は実質的に減額になっていないと述べているが、実態は不明。

農家の立場から地租改正の是非を問うとすれば、金納制をめぐる不安はあるにしても、負担の軽減および農家の財産である田畑の私有制は歓迎すべきことであった。オーバーにいえば、江戸時代と異

表５―３　和気郡14か村の地租改正前後における租税負担

	改正前	改正後	増減率
田畑面積	428町	573町	134%
負担額	8,282円	7,248円	88%

注．この表は「地租改正による田地面積・農民負担の増減状況」（『和気郡史』）に掲載された14か村の数値を集計し、作成した。

なる四民平等の新時代を実感したかもしれない。上山の農家にとって、地租改正は生産意欲を高める制度であり、開発を推進する要因となった。

ところが、地価は改正前五年間の平均米価をもとに定めたので、米相場の変動が税額におよぼす影響は大きかった。牧原憲夫の前掲書によると、「明治一〇年（一八七七）に一石《こく》（約一八〇リットル）五・三円だった米価は一三年に二倍」になって、「農民は以前の半分の米で地租を完納できた」。そのため農村は空前の好況にわくが、松方デフレといわれる緊縮財政のもとで「一四年に一石一〇円を超えた米価も、一七年には半値になった」。こうした状況の変化によって一般農家が苦況におちいったことは想像にかたくない。一五年以降、土地を手放して「小作農に転落する農民が急速に増えていく。他方、……地主は、村内外の土地を買い集め、高率小作料をとるのも小作地を取り上げるのも「自由」になった。……そして、地主が蓄積した小作料は株券・社債などの形で商工業の資本となり……」。

上山の農家はこうした全国的な状況にまきこまれ苦境におちいったのか、それとも時代の荒波から無縁ではないにせよ、比較的平穏にすごすことが出来たのであろうか。

三、上山のドン・四郎兵衛

郡内屈指の富豪

低い尾根を越えると、川向うに白壁でかこまれた瓦葺きの屋敷が二軒、日にとびこんでくる。わら屋根と土壁からなるふつうの農家にくらべ、塀と門構えのある家はひときわ目立っていた。それは第二次大戦前、子ども時代のわたしの網膜にやきついた鮮やかな光景である。

屋敷は古い農家と変わらない広さだが、陽の光をあびて輝いていた。江戸時代に上山村の庄屋をつとめた岡の高原家である。同家より一段高い所にある「岡の上」は、明治後期、高原四郎兵衛が隠居を機に贅の限りをつくして建てた分家だ。

高原四郎兵衛義久は一八三四（天保五）年生まれ。庄屋であった旧家高原の家を継ぎ、若いころ国学者平賀元義に師事する。数少ない記録によると七五（明治八）年、上山小学校の創立とともに校長となり、八三年に河会小学校学務委員、八四年に上山村へ戸長役場が設置されるにともない戸長（村長）に就任したとある。一九〇二（明治三五）年に孫純三に家督をゆずる。〇八年に没、ときに七十四歳であった。

墓碑銘によると、その性格は「豪快磊々」とあるから、志が大きく小事にこだわらなかったのだろう。また「父祖ノ業ヲ継《つ》ヤ其経営規模ヲ拡大、多角的大ニ産業ヲ興シ、若冠ニシテ郡中屈指ノ富ヲ作《な》シ」と記されている。地主および事業家として力量を発揮し、郡内屈指といわれるまでの富豪になった足跡が浮かび上がる。

「岡の高原五百俵」

言い伝えによると、「岡の高原五百俵、小山の藤原三百俵」とうたわれ、高原家には秋の収穫期ともなると米俵が山積みされたという。これは小山の藤原武男さんが祖父から聞いた話だから、明治時代のことだろう。口承がどこまで事実を伝えているかは問題だが、それはさておき五〇〇俵が小作料であったとして、高原家の田地を試算してみよう。

小作料率を五五％と仮定すると総収穫高は約九〇〇俵、すなわち一俵三・五斗入りとして三一五石である。反あたり収穫高を一石六斗と見込んで反別を計算すると十九町七反が得られる。高原家はおよそのところ二十町歩を所有していた。上山全体の水田が約五十町歩であった時代だから高原家の反別は群をぬいていたことになる。正確な数字とはいえないが、上山の大地主であったことは理解していただけよう（全国的にみると小地主だが）。むらでただ一軒、門構えのある屋敷は分限者《ぶげんしゃ》の象徴であった。

これと関連する、もうひとつの口承がある。高原家は「他人《よそ》の土地を踏まずに福本まで行ける」といわれており、河会川沿いに六キロくだった福本まで同家の土地がつづいていたという。したがって、水田二十町歩のすべてが上山地区内にあったわけではなく、このような形で「高原五百俵」を下支えしていたのかも。

明治の大芦池改修費は、富裕な地主がほとんど負担したらしい。そのころの地主について藤原幹夫さんからつぎのような話をうかがったことがある。「昔、田地が多いのは岡の高原、小山の藤原、そして薬師堂の中島ではなかったか」と。その内容は前に引用した「岡の高原五百俵……」の小唄とも一致する。小山の藤原家は明治末期に河会村村長の寛太を出した旧家であり、中島家は幕末に庄屋をつとめた家柄である。

地主たちの主な収入源はいうまでもなく米であった。明治前期に米相場は乱高下するが、かりに一石六円、すなわち一俵二円で売り渡すとどうなるか。高原家の場合、五〇〇俵から自家用の飯米三〇俵を差し引いた残り四七〇俵の売上げは九四〇円である。貨幣価値の異なる現在、その評価はむずかしいが、大芦池改修費の一・六倍に相当する。上層の地主にとって工事費の負担は過重でなく、かれらは分相応に責任をはたそうと考えたのかもしれない。

四郎兵衛のプロフィール

ここで四郎兵衛、没後シロベーの愛称で呼ばれていたかれの人物像を簡単にえがいておこう。
(1) かれは人生の前半期を幕末維新の激動のなかですごし、壮年のころは地租改正の渦中にあった。経世間の動きに敏感に対応し一代にして土地を集積、家産をきずいたのは前述のとおりである。経済について先見の明があり、養蚕の盛況を早くから予見していたふしがある。かれは旧家の跡継ぎという肩書にも恵まれて村の要職を歴任し、精力的に活動した。

(2) リーダーとしての側面からみるとワンマン、家父長的という時代的制約をまぬがれないものの、温情をもって人心をつかむことに長けていた。大芦池の工事にあたって、一般農家の負担をかるくしたのはその一例であろう（一節参照）。また佐々木守さんからうかがった話だが、四郎兵衛は隠居にさいして長年高原家の経理を担当してきた労をねぎらって、守さんの祖父へ田畑二町歩を贈った。上山でそれだけの土地をもつ農家は少なく、トップクラスにたつ広さであった。この贈与は情にあつい親分肌の人柄を物語っている。

(3) 新時代の知識、文化を取り入れる点で、四郎兵衛には抜きんでたところがあった。「岡の上」邸の洋風建築、趣好をこらした調度は今日からしても目を見張るばかりだ、とわたしの姉歌子は語っている。物質的な面ばかりでなく学問、教育にたいする関心が高かった。小学校長、学務委員という経歴に併せて、国学者平賀元義を招請したほか、漢学者大沢吉十郎の私塾開講への尽力があったかもしれない。

この時代を生き上山の傑物といわれる高原四郎兵衛は、急ピッチで展開する世の中の動きに寄りそい、促進する役割をはたしたとみることができる。かれの死、そして明治という時代の終りとともに高原家は表舞台から消え、代わって大沢門下より次代をになう人材が輩出、大正の村づくりにつながってゆく。

6章　一九二〇年代の村づくり

一、大正末期の池普請

雨乞いと水げんか

一九二四（大正一三）年、上山は異常な夏をむかえた。六月二〇日から三〇日にかけて池水を落として水溜めをし、七月二日に田植を終えた。しかし例年になく日照りがつづき、大芦池の水位は下がる一方だった。苦慮した上山区では七月から八月にかけて十数回にわたって雨乞いを行う。上山神社、妙徳寺、妙見山頂など由緒ある場所に集まって火を焚き、お神酒を供えて神仏に祈願したのである。

この間、田んぼへの給水をほそぼそとつづけていたが、八月のある日、水の配分をめぐって水番と百姓のひとりが衝突した。口論はこうじて鍬をふりあげるところとなり、双方が負傷する事態をひきおこす。水げんかが頻発する平場と異なり、用水が潤沢なうえおとなしい気性の上山では、ついぞ経験したことのない不穏な出来ごとであった。

雨乞いの効き目もなく大芦池は底まで干上がり、例年なら田んぼへの給水を中止してから行う秋のフナ獲り（池さらい）を、この年は真夏に繰り上げるという有様であった。

大芦大池ハ……如何ナル旱魃ト雖モ貯水ノ涸ル事ナク、古来旱害ヲ蒙リタル事ナケレドモ、近年人口ノ増加ト共ニ漸次田面ノ増加ヲ来シ、従ツテ灌漑ノ水漸ク乏シクシテ増堤ノ必要ヲ感ジツツアル折柄ニ於テ、大正十三年古今未曾有ノ一大旱魃ニ遭遇シ……

「工事日誌」

大旱魃をうけ二四年から二五年にまたがって、一八九〇年以来の大規模な工事が施工された。指揮をとるのは区長の小林節太郎であり、その内容は「大正拾四年　大池増堤東底樋修繕記録」（以下「増堤・修繕記録」と略、小林茂家所蔵）にまとめられている。その他この間の事情は、節太郎が記した「大芦大池修繕工事日誌」（「工事日誌」と略）にくわしい。

工事計画と住民の利害

上山では当面の旱害対策とともに、田地拡大にともなう水不足の抜本的な解消をめざし、土手（堤防）をかさ上げして貯水量をふやす「増堤」その他の工事を予定する。併せて「数拾年来ノ問題」となっている底樋（通水管）の取換えを計画した。そして必要な資金を調達するため岡山県へ補助金を申請する。

この件について区民集会を開きはかったところ、増堤についての異議、反対があいついだ。そのひとつは水没地となる大芦地区の所有者から出された補償問題である。もうひとつは、坊の人たちから増堤すると「決潰の憂」があると述べられ、上山地区での給水量をふやすためには新池を造るようにとの提案があった。坊は大芦池の土手下からわずかに下がっていて排水路に近く、真っ先に被害を蒙る場所にある。かつて決潰の恐怖にさらされた記憶がよみがえるのか、あるいは先祖から代々語り継がれてきたのだろうか。いずれにしても水害に脅かされる立場にあるのだから、灌漑の改善という大義名分だけでは工事計画を受け入れられなかったのだろう。

区では「会合ヲ重ヌル事数回ニ及ヒ」、また元河会村長の藤原桂次郎ら長老に坊との斡旋を依頼して解決につとめ、最終的に仕様を変更して土手を一尺五寸(四五センチ)高くするにとどめ合意に達する。一方、大芦地域の水没予定地にかんしては、「増堤・修繕記録」に補償内容をこと細かに書き留めている点から推して、所有者の意向を汲み円満にまとまったようだ。

一か月後に区民総会で工事計画を承認するとともに、工事責任者である常設委員と小字に相当する各集落から工事担当人十名を選任、区をあげて取り組む態勢をととのえた。

隣村からの援軍

一九二四年一〇月、土手に埋設された底樋(通水管)の取換え工事は、土手を掘り切って旧樋を取り出すことからはじまった。その跡に松材を四本継いだ樋(計一四メートル)を据え付け、腐食を防ぐために石灰を混ぜた鋼土を巻く。さらにその上に積み上げた鋼土を締めて仕上がりである。

ここにいう「鋼土」は近くの山から採取したもので、前出の昭和期における「ハガネ」と同質であることは文字からもうかがえる。また、三名の音頭取りが締め付けの作業を引き回していることは、明治の工事と同じである。底樋の取換えと併せて風波による土手内側の浸食にたいする修繕も一一月半ばに完了した。

翌二五（大正一四）年四月、土手のかさ上げ工事に着手する。古い鋼土のところまで土手を掘り上げてその上に新しい鋼土を運び入れ、ダンジ（団地）によって締め固めをしながら盛り土を繰り返した。この工事ではダンジの人数が不足したので、隣合わせの山方から三日間にわたって延べ七十九人の女性を雇い入れている。人夫は地元上山から雇うのが慣わしだから、区外に頼るのは異例のことだった。雇い入れるのは個人単位でなく、他所のむらにたいしむら対むらとして応援を求めているのが目をひく。

山方は和気郡佐伯町に属し、古い国名でいえば備前であって、行政上の境界線が厳然と存在している。しかし実際には妙見山北面の上山と背中合せであり、大芦から五分ばかり山道を下ったところにあって、密接に交流していた。山方の女性を雇った理由はもうひとつ、上山と同じく溜池と棚田を利用して米作りをし、ダンジの労働経験をもつからではなかったか。山あいのむらにあっては、山ひとつこえた隣村と結びつくのは珍しいことではない。少なくとも二〇世紀前半まではそうであった。しかし、往来にはそれ相応の作法が必要であった。山方からのダンジ部隊は女子労働者だけで足りたはずなのに音頭取りを同行している。いつの時代、どのむらでもダンジと音頭のあいだにはつかず離れずの関係があり、それを上山側が尊重し、顔を立てた結果のようにみえる。

土手のかさ上げ工事は、ダンジを集中的に行って田植前の五月に完成した。

補助金の獲得

この工事で注目されるのは、岡山県から補助金を獲得したことだ。

県との折衝にあたったのは、「本工事の発起者」である上山出身の河会村《かわいそん》村長・小林好太《よした》である。かれは旱魃の惨状を目の当たりにして旱魃を予防する大型貯水池の必要性を痛感、大芦池の修繕および改造を計画する。そこで区長らにはかって青写真をつくり、岡山県へ補助金を申請する運びとなったのである。

村長が上山特有の赤土にまみれた下駄をはき、着物姿のまま列車を乗りついで岡山市へ出向く風采は語り草となったばかりでなく、県庁でも人目をひくに充分であったようだ。奇行ともみえるスケールの大きい言動は、好太の持ち味を表している。

補助金は一九二五年、一二〇〇円が交付された。しかし、七千円を計上した工事予算にたいして二割しか認められなかったので、「供養ノ屾隧路掛井手」の新設を中止する破目になった（「増堤・修繕記録」）。工事の規模を縮小してなお資金繰りは窮屈だったが、工事費の四割強をまかなう補助金は、旱害を蒙った農家の負担をへらすうえで効果的だった。

低賃金で人手不足

上山八十七戸のうち、八割近くの六十七戸は池水を使う田んぼの持ち主（水受人という）であった。規模別に分けると三町歩前後には地主、不在地主、自作農の三戸があり、つづいて一町歩台に十戸余り、一町歩未満三反までが約四十戸と主力をなし、そのしたに三反未満が十二戸をかぞえる（残り二十戸は小作、日雇と若干の非農家であった）。総じて小・零細農家のむらであり、格差はさほど大きくなかった（「昭和二年度区費徴収簿」による）。

水受人は田地の面積に応じて工事費を分担し（反別割）、同時にむらの一員として工事現場ではたらいて日当を受けとった。おおざっぱにいえば、かれらのうち田地の多い者は分担金と賃金との差額を拠出し、少ない者は賃金から分担金を差し引いた残りが手取りとなった。

ところで、就労時の人夫賃については平均額、職種別賃金のいずれも記録がない。「増堤・修繕記録」中の「平歩最高一円四拾銭」、あるいは翌年の「一円三拾銭」という上限値から類推すると、平均値は一円を少し上回るていどと見当がつく。表6―2にみるとおり、全国の日雇労働者の二円十三銭にたいして約半額だから、地元の仕事とくらべても安かったわけだ。また、一八九〇年の池普請から一九二五年までの人夫（日雇労働者）の賃金上昇率をみると、全国では十二倍になっているが上山では八倍にとどまっている。明らかに賃金を切り詰めており、村びとは池普請へ出ても家計が楽にならなかった。

この間の事情を「増堤・修繕記録」は「農繁季節ニ迫リ人夫尠ク、工事容易ニ進捗セス」、「団地子

表 6―1　1920年代の大芦池工事費　　単位：円

	支出		収入		備考
修繕（1924年）	人件費	781	賦課金	1,001	捨歩　180人
	その他経費	270	その他	50	（各戸2人歩）
	小計	*1,051*	小計	*1,051*	
増堤（1925年）	人件費	613	補助金	1,200	捨歩　90人
	その他経費	358	賦課金	489	（各戸1人歩）
	水没補償費	718			
	小計	*1,689*	小計	*1,689*	
計		2,739		2,739	

注．「増堤・修繕記録」より作成。小数点以下は四捨五入。

表 6―2　池普請の日当と賦課金

	賃金		無給労働	反あたりの賦課金 2)	全国米価 3)
	人夫	全国の日雇 1)			
1890年	15銭	18銭	1日	1円28銭	8円94銭
1925年	1円20銭 4)	2　13	3	2　66	41　57
増加率	8倍	12	3	2.2	4.6

注 1)『値段の明治大正昭和風俗史』。　2) 賦課金額を水受反別で割った平均値。
3) 守田志郎『米の百年』。　4)「増堤・修繕記録」より推定。

ハ上山ノ者ノミニテハ不足」と人手不足に悩む有様を書きとめている。だが、これは季節的要因が主とは考えられず、低賃金をきらって小作農や下位の水受人が割のよい働き口を区外に求めたからであろう。

緊縮財政をつらぬく

人夫費は抑制されたが、住民への賦課はどうであったか。水受人への割当は旱害による農家の窮状を考慮し、かなり低く抑えた形跡がある。ちなみに、米価は一八九〇年から四・六倍に値上がりしているのにたいし、賦課金は二・二倍にとどめている（表6―2）。そのほか「貧富ノ別ナク」すべての家へ一律にステブ（捨歩、無給労働）を課している。このステブは本来、一人ひとりが地域の一員としてむらから認められた証であったが、この場合は人件費の節減のため日数をふやしたものと思われる。

凶作による打撃のため、水受農家はきびしい賦課金をしいられ、住民全体は人夫賃を低く抑えられることとなった。しかし米作りの環境をととのえ、中核農家の安定を優先させるには、ほかに選択肢がなかったのだろう。異例の緊縮財政にたいして、地元から異議があがった気配はない。その後も小林好太・節太郎の長期政権がつづくところから判断すると、この時点で二人が信任を得ていたと考えてもおかしくない。

二、住民のための公共事業

事業を仕切るのは自作農

傑物・高原四郎兵衛の死は、地主層の後退と明治という時代の終りをつよく印象づける。

大正時代（一九一二年〜）になると地主の田地拡大は影をひそめ、かれらが表舞台へ登場することも少なくなった。代わって小林好太、小林節太郎がつづいて区長につき、一九二四（大正一三）年から大芦池の改修に取り組んだことは前節で述べたとおりである。工事を担当したのは二名のほか、各集落から選ばれた一町歩前後を耕作する自作農たちであった（表6―3）。時代の変化を映しだしたメンバーといえよう。

表6―3　1920年代工事担当者とその反別

役　職	氏　名	水受反別
工事総担当（上山区長）	小林節太郎	1町3反
工事担当人（イロハ順）	道光　類治	1　6
	高原　武介	6
	永井茂十郎	7
	藤原桂次郎	2　0
	藤原仲太郎	1　2
	藤原多喜太	7
	小林　　茂	1　1
	小林乕三郎	9
	青山　辰吉	3
河会村村長	小林　好太	3　6

注.「増堤・修繕記録」および「昭和2年度区費徴収簿」より作成。

旱害の打撃から立ち直った二〇年代後半は、一連の公共事業がいっせいに動きはじめる。それは複数の事業がたまたま重なったというより、一時中断を余儀なくされていた事業が再開され、新しい局面をむかえようとしていたのである。

なお本章で取り上げる「一九二〇年代」とは、単に該当する十年間ではなく、それを中心とする時代、すなわち第一次大戦の終り（一九一八年）から世界大恐慌（一九二九年）後の数年間までを指している。

米作りと養蚕

当時、上山は米作りと養蚕の二つを生業の柱として、自作農が活躍する舞台がととのっていた。

元もと上山の稲作は反あたり収量が少なく、裏作の麦ができないうえ田がせまく、また運搬に不便な棚田であるため平場にくらべて生産性は低かった。しかし労働力が余っていたから生産性が問われることはなく、一九世紀後半以降も新田開発の意欲はおとろえることがなかった。水受反別は池普請が行われた二四（大正一三）年には、五〇年代に匹敵する五十六町歩にひろがり、頂点に登りつめていた（内訳は池掛り二十一町歩、川掛り三十五町歩）。

二〇年代には凶作に見舞われるが、灌漑がゆきとどくにつれて増収に恵まれる。そしてこの間の米価は全国的に高値で推移したから、米作り農家にとっては心くつろぐ年が多かったと思われる。

また、養蚕の盛んだったことは特筆されてよいだろう。養蚕は、桑の葉を餌として蚕を飼い、生糸の原料となるまゆを取り出す仕事だ。蚕は春夏秋の三つのシーズンごとに育てることが可能だが、ハードな仕事なので年間をとおして蚕とつき合うのは容易でなかった。まゆができる時期ともなると蚕室で仮眠をとりながら作業をし、その一方、病気にあって幼虫が全滅する悲劇にも立ち会わねばならなかった。にもかかわらず、一九二〇年代の上山でひろく普及したのはずぬけた収益性の高さによる。

それまで上山の農産物といえば、米にくわえてわずかばかりの麦を出荷するていどだった。ところがまゆの生産が本格的にはじまると、たちまち米の売上げに迫る勢いとなった。長い期間とはいえないが、上山は好景気にわいたのである。

この間の状況について英田町の元教育長・藤原幹夫さんの話は興味ぶかいものがあった。「昭和の初めに、わたしが京都の大学へ行けたのはお蚕さんのおかげです」と、端的に表現している。注釈をつけると、当時上山で進学先は授業料を免除される師範学校か、陸軍士官学校・幼年学校にほぼ限られるなかで、お金のかかる私学へ入れたのは養蚕の稼ぎにたすけられた、ということになる。

養蚕は一九二九（昭和四）年の世界恐慌の翌年をピークとし、以後衰退にむかって四〇年ごろに全戸が廃業したようだ。

農業を支える道路改修

米麦やまゆ、木炭などの農林産物を出荷するために、トラックや大八車の通れる道路が求められていた。その目玉は河会村大字中川から大見谷をへて上山に達し、塩田村へ至る県道の拡幅である。

このルートの改修は一九三〇年に完成するが、それに先立って二三（大正一二）年に刊行された『英田郡誌』にはつぎのように記されている。「悪路なるにより目下一大改修の議ありて測量を終へ県費補助出願中なり」。すでに準備を終わり、岡山県へ補助金を申請しているという。この記事から推測すると完成までに約十年を要したことになる。

道路用地の買収にあたって、頑として応じない地権者がいた。田地は百姓にとって最大の資産だから不思議ではない。ときの村長小林好太は、近所に住むこの農家にことばはかけるものの、あえて説得しようとせず翻意するのをまつこと数年。道路の完成は予定よりおくれたが、住民にたいする行政のトップの姿勢として興味ぶかい。難産のすえ実現したトラック運送は、大八車や馬車にくらべてスピード、物量のうえで格段の威力を発揮した。

ほぼ時を同じうして、上山を東西に横ぎる横手道ができあがる。農家はそれまで米俵を牛の背につみ、あるいはねこ車（一輪車）にのせて集荷場までの細い道を何回も往復したが、新道完成後は牛のひく大八車でまとめて出荷できるようになった。くわえて金合にトラックの積出し基地として倉庫を建設、農家は決められた日時までに農産物を搬入すればよくなった。こうして大八車―倉庫―トラックからなるシステムがととのい、運送の重労働からなにがしか解放されたのである。

電気の点灯、学校の移転

一九二〇年代の後半には電気がつき、小学校が移転するという出来ごとがあった。

石油ランプから電灯への切換えは、夜のうす暗い住いを明るく照らしだし、暮らしに大きな変化をもたらした。英田町域では二〇年代初めから電灯線が架設されるが、地元で経費を負担しなければならなかったので、地区ごとに電気をひいた時期は異なっている。上山の場合、異説があって年次は定かでない。

電気がついたときのことを、小林歌子は裕福だった父親について回想する。「新築したタイル張りの風呂場に電気をつけたので、珍しがってあちこちから見にくる人がいた」、「庭先までコードを延ばして夜桜を楽しんだ」と。そのことばから察すると、田舎なりに華やいだ情景がかもしだされたようだ。かの女はそのときゴノカミの小学校へ通っていたというから、三〇（昭和五）年前後のことであろう。電気の話題は明るかったが、多くの家では五ワットや一〇ワットの小型電球をつかっていた。

つましさのほどがうかがえる。

ほぼ時を同じうして三一（昭和六）年九月、上山小学校は大字中川の新校舎へ移転する。民家を改造したゴノカミの旧校舎が手狭なため、二六（大正一五）年以降改築についてしばしば協議をかさねていたのである（『英田町教育の歩み』）。新校舎は上山と中川地区のほぼ中間に建てられ、広い運動場とゆとりのある教室をそなえていた。だが上山奥谷地区からの通学路は、移転を前にしたにわか造りらしくいただけなかった。そう推測するのは、この道の半分くらいには山を掘り起こした跡の石の出っぱりが多く、子どもたちは歩きにくいので古くからの脇道をとおっていたからだ。

移転に先立って河会村は、大字北にある河会小の校舎を建てかえており、上山小の完成をまって中川を上山校区に編入した。つまり全村的な規模で、教育施設の更新と校区のアンバランス是正を併せて行ったのである。村政の教育にたいする本格的な取組といえよう。

総合的・人間的な視点

二〇年代の池普請や道路改修は生産活動を補強する、いわゆるインフラの整備だ。一見したところ高度成長期のそれと変わらないが、農家の生業を下支えする公の工事という位置づけがはっきりしていた。それらの事業は周辺部にもおよび、しかも他の目的にも利用できた。水利施設は大芦池にかぎらず、小さな溜池の修理や井手の延伸を行っている。また前記の通学路は道幅がひろかったので牛がひく木出し（木材運搬）をやりやすくした。

村政および区の事業は経済活動を盛んにするとともに、電気をつけて暮らしをよくし、子どもとむらの将来のために教育環境を改善するなどひろく目配りをし、かんどころを押さえている。そこには住みやすい村づくりの視点がつらぬかれ、ポリシー（基本的な方針）がそなわっていた。その意味で二〇年代は明治から昭和までの上山で、もっとも実り豊かな時代であったと言えよう。

ただし、当時の暮らし向きは二〇世紀後半とくらべれば格段に貧しく、豊かさとはほど遠い。時代的な制約はまぬがれず、理想的な社会が実現したわけではない。注目したいのは、上山の水田開発がほぼ一段落した時点で、行政がさしあたり何をなすべきかの課題に正面から向き合った点であろう。

実行の人、小林節太郎

池普請に登場する小林節太郎（一八七四〜一九四九年）は、二〇年代の上山でもっとも多忙をきわめた男であった。

節太郎は大芦池の工事日誌のほか、区長時代に丹念な記録をのこしている。それによると、池普請の期間中は責任者として日々現場回りを欠かさず、それ以外の時期にも灌漑や道路の維持管理、寺社の修繕など多岐にわたる区長の仕事をこなしていた。長男の嫁竹野さんは、当時のもようを次のようにふり返っている。「田畑を合わせて二町ほどつくっていたが、〔節太郎は〕百姓仕事をほとんどせず出あるくばかりだった。家での寄合いが多く大変でした」。節太郎もまた寄合い（会合）や現場の作業が一段落すると一升一円二十銭の並酒を汲み交わしたことを日誌に書きとめている。酒の肴に野菜の煮しめを用意するのは、竹野さんの役割であった。

かれは小林好太の後をうけて二〇年代前半から上山区長をつとめ、三二（昭和七）年には河会村の収入役に就いている。その後、時をへだてて第二次大戦後の混乱期に、高齢にもかかわらずふたたび区長に返り咲いた。経験の豊かさを買われたのであろう。

節太郎の人柄については、二つの側面があげられる。ある日のこと、間違ったことを仕出かした若者を一喝し、ちぢみ上がらせたという。外見は古武士然としており、強面《こわもて》のじいさんぶりが板についていた。いまひとつは、「工事日誌」にみるとおり格調の高い文章を書き、また漢詩を終生詠みつづけるといった百姓らしからぬ教養の持ち主であった。

信望あつい小林好太

大芦池の大改修を構想し、県の補助金獲得に奔走した小林好太（一八七三～一九四三年）は、節太郎より一歳年上である（同姓だが一族ではない）。祖父が村役人をつとめた裕福な農家の出身で、一九一〇年代末に上山区長にえらばれ、二三（大正一二）年から河会村村長に就任。三期連続十二年という前例のない任期を全うする。多面的な施策の適切さと人望によるのであろう。長男の俊雄は上山における父の業績をつぎのように墓碑へ刻んでいる。

上山小学校之移転改築、大見谷県道並上山基幹道路之開設、大芦池増修、小屋坂池新設、電灯架

設、妙徳寺本堂建立等

十年をこえる活気にみちた村づくりは、上山および河会村の歴史にとって画期的な出来ごとであった。好太と節太郎はほとんどの事業でコンビを組んでおり、好太が企画を担当し、節太郎が執行にあたってそれぞれの持ち味を発揮した。上山の事業が一段落した時点で、好太は節太郎をよきパートナーとして村役場の収入役に取り立てている。

好太のプロフィール

好太は政治活動に財産をつぎこみ、井戸と塀しかのこらぬ「井戸塀」にこそならなかったものの、家計はいつも火の車で親戚筋から借金をかさねていた。その日常はとぼけた雰囲気につつまれ、むらでは奇行の持ち主と噂されるが、本人は意に介しなかった。数あるエピソードのなかで、香奠をもたずに葬式へ出席し後日集金にくるよう書き置きをした、という言い伝えは真偽のほどは別として傑作といえよう。

金儲けに縁のないかれが執心したのは、田地を買い集めることだった。資金上の制約は大きかったが、田地への思い入れはつよく、折をみては買い足している。しかし山林には手をださず、有価証券の類いには目もくれなかったようだ。その間の真意は類推するほかないが、田地は末代まで家の宝と考えていたのかも。

私ごとで恐縮だが、好太は母方の伯父である。といっても年が六十歳もはなれているので、母方の祖父といったほうが似つかわしかった。晩年は家同士が疎遠だったので遊んでもらったことはもちろん、話をした記憶もない。小学校へ上がるころだったか、第一線を引退し、跡取り息子を戦争で失った晩年の伯父が、縁側へ腰かけて遠くをながめている視線の先は茫漠としていた。孤独と向き合っていたのだろうか。見てはならないものを見てしまった恥ずかしさに、子どもながら目をそらした記憶がある。ところが最近、七十余年前の写真を手にすると、六十代半ばというのに背筋は伸び角ばった顔はいかつく、かくしゃくとしていた。

写真 6―1　晩年の小林好太（1939 年頃）

好太と節太郎は長年にわたりむらの事業にたずさわった盟友である。この二人を多くの人びとが支え協力して、二〇年代の上山をかたちづくった。

7章　お金をかけない池普請　第二次大戦後

一、いっぷう変わった掛井手工事

第二次大戦の終りからさほど経っていない一九五一（昭和二六）年に、掛井手工事が行われた。掛井手というのは大芦池へ周辺の山地から水を集めるために造った水路で、新旧二本からなっている。何らかの事情で二本目を増設したのだろう。二〇〇三年、わたしが掛井手沿いに山中をあるいたところ、急勾配を横切る土溝は所どころ崩れ落ちていた。耕作する田んぼが減って水余りがおきているから、掛井手への依存度は低く、破損もさして意に介されなくなったのか。

この工事について記録した「上山大池水路改築寄付帳」（以下、「寄付帳」と略）、「人歩《ママ》、砂利並にセメント運搬記帳」（以下、「運搬帳」と略）は藤原武男さん宅に保存されていた。前者は工事の概要と総工事費の内訳などを記し、寄付依頼先へ提示した外向けの文書である（末尾に寄付者の一覧がとじこまれている）。後者は〇印を捺印し、戸別の出役状況を記帳した内部資料である。したがって、両者の記載が一致するとはかぎらない。

元小作層が前面に

工事内容は新しい掛井手約一キロのうち、池寄り二〇〇メートルをコンクリート・ブロックで補強することだった。戦後の新しい時代に新しい工法を採用したので、工事は華やいだ雰囲気のもとですすめられたという。

工事担当者はセメントと砂利を買い、セメント工ら専門職を雇い入れた。村びとの仕事は、まず区境の国木屾《くにきだわ》から約三キロメートルの坂道を登って、現場まで工事材料を運ぶ作業だった。そのときのもようを、「牛を飼っている人が、隣の家の分まで牛の背に積んで運んだ」と古老が記憶していた。

「運搬帳」は「人歩」欄と「砂利、セメント」運搬欄との三つに分かれている。人歩欄には八十四戸の氏名の下に、筆尻で捺した〇印が就労日の数だけ並んでいる。大半の家は〇印が二つだが、一つまたは三つの家もまじっていて不揃いだ。合計すると一七二人歩である。

砂利運搬の欄では、家ごとの出役の回数は割当てがあったと思えぬほど、はちゃめちゃにバラついている。半数以上の家は〇印が四つだが、全体の三割を占める家がそろって七つをかぞえる。一、二個や無印の家もある（〇印の合計は三六七個）。

〇印七つ組は、牛を飼っていない家、人手の足りない家の仕事を代行したのであろうが、そのメンバーをよくよく眺めるとその大多数は同じ集落に属する元小作が占めているケースが多い。かれらは掛井手工事の先頭に立って景気づけをしたのだろうか。砂利とは別にセメントを運んでいるが、こちらは区長など小作出身者十人ばかりが担当している。

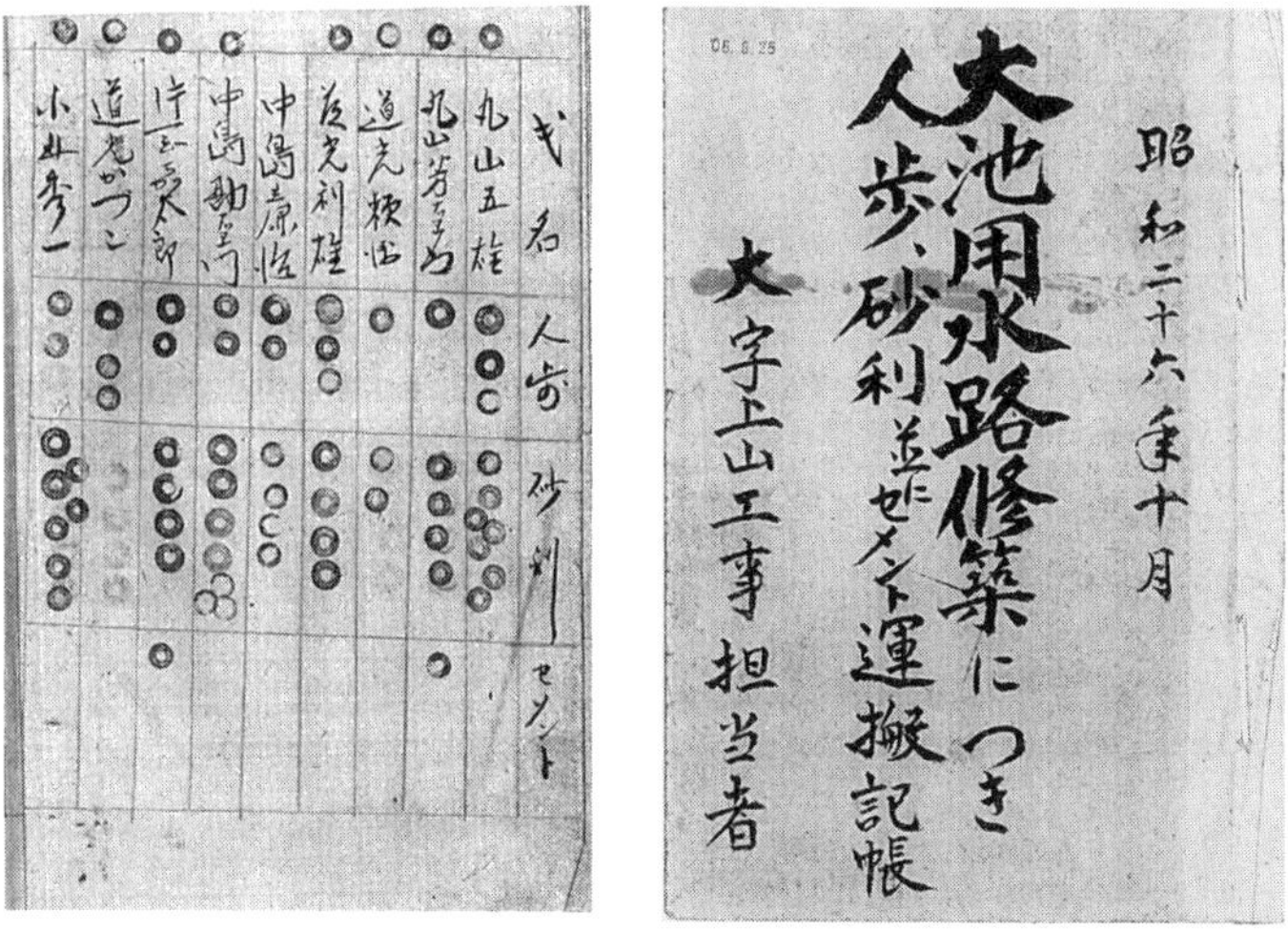
昭和二十六年十月
大池用水路修築につき
人歩、砂利並にセメント運搬記帳
大字上山工事担当者

氏名　人歩　砂利　セメント
丸山五雄

図7—1　人歩、砂利運搬記帳

このように元の階層によって動きが異なる背景には、農地改革後まだ日も浅く地主、小作のぎくしゃくした人間関係がのこっており、それが出しゃばりにも似た助け合いの行動へつながった、と推し量るがいかがなものであろうか。

役員も新旧交代

つぎに区長および上山の各集落を代表する工事担当者の顔ぶれをながめてみよう。

区長の藤原雅雄（一八九一～一九六六年）は、兄寛太が河会村長をつとめた旧家だが事情があって二十年来小作をつづけてきた。かれが敗戦後区長にえらばれたのは、本人の前向きの性格によるほか、家柄と小気味よい進退とがひろく区民の共感を呼んだせいであろうか。むらにはそうした雰囲気が満ちていた時代である。

工事担当者の出身をみると自作三、小作三、その他一の内訳であり、数のうえではバランスのとれた人選である。だが、戦前からの有力な自作農があまり選ばれていない点では大幅な交替である。そうした事情を反映し、工事担当者の所有する平均反別は大正末の一町三反から七反弱へと減少している。メンバーのなかには後年、英田町議および上山区長を歴任してやり手といわれた丸山五男（一九〇九〜八八年）の名もみえる。藤原と丸山は六年後の池普請を仕切ったコンビである。

この時点で元小作層はつよい発言力をもっており、むらのなかでイニシアティブをとることが多かったようだ。

表 7—1　掛井手工事担当者とその反別

	1944 年	1951 年
A（区長）	1反 9畝	9反 6畝
B	8 3	7 2
C	3 1	2 9
D	13 0	10 5
E（丸山）	1 2	6 5
F	7 0	4 7
G	—	6 1

注 1. 各年度の反別は「上山区費徴収簿」の金額から換算した近似値である。
2. 1944 年に G の持ち田がないのは、不在地主の兄名義の田を耕作していたからである。

すべてが「無償奉仕」

掛井手工事の第二の特徴は、村びとの労働がすべて「無償奉仕」として行われたことだ。無償奉仕とはステブ（捨歩、無給労働）のことであるが、藤原区長をはじめとする執行部が対外向けに古くさいことばを敬遠したのだろうか。新しい名称は戦時中に慣れしたしんだ「勤労奉仕」を連想させるのだが――。

無償奉仕の内容は、「寄付帳」によると全九十七戸にたいして四日、計三九〇人分の人歩を割り当てたほか、砂利七八〇カマス（袋）およびセメント一三〇袋の運搬であった。それを金額に換算すると十五万六〇〇〇円であると記載している。

ところで、近代における大型、中型の池普請ではステブ、すなわち無給労働のみで施工した例は見当たらない。掛井手工事は前例にとらわれず、ずいぶん思い切った措置をしたものである。しかし、タダ働きにたいして反発が起きるかと思いきや、元小作人グループは区の指示をまたず自主的に砂利を運んでいる。あたかも区長を応援する勝手連のような振舞いであった。

敗戦後、世の中がまだ落着きを取りもどしていないとはいえ、この工事がいっぷう変わっていたことは間違いない。

資金は寄付頼み？

区民の無償奉仕によって、工事費は職人の賃金、セメント代などの一六万八〇〇〇円に圧縮できたと述べたうえで、上山区は関係者たちへ資金協力を要請した。その結果、建設業者や商店といった大口にくわえて、上山区内へ入作をしたり池水を使う川下の農家約四十戸から寄付がよせられ、四万五〇〇〇円に達した。余談ながら、川下地域の農家と上山との関係はこのときにはじまったわけではない。戦前からの慣行にもとづいて、この年も入作をしている十三戸から三町二反分の「水費」を受け取っている。

では工事費から寄付金を差し引いた残り一二万三〇〇〇円はどう調達されたのか。藤原武男さんに

おそれいります
が切手をはって
お出し下さい

郵便はがき

1078668

（受取人）
東京都港区
赤坂郵便局
私書箱第十五号

農文協
http://www.ruralnet.or.jp/
読者カード係 行

◎ このカードは当会の今後の刊行計画及び、新刊等の案内に役だたせていただきたいと思います。　　はじめての方は○印を（　　）

ご住所	（〒　　－　　） TEL： FAX：
お名前	男・女　　歳
E-mail：	
ご職業	公務員・会社員・自営業・自由業・主婦・農漁業・教職員（大学・短大・高校・中学・小学・他）研究生・学生・団体職員・その他（　　　）
お勤め先・学校名	日頃ご覧の新聞・雑誌名

※この葉書にお書きいただいた個人情報は、新刊案内や見本誌送付、ご注文品の配送、確認等の連絡のために使用し、その目的以外での利用はいたしません。

● ご感想をインターネット等で紹介させていただく場合がございます。ご了承下さい。
● 送料無料・農文協以外の書籍も注文できる会員制通販書店「田舎の本屋さん」入会募集中！
案内進呈します。　希望□

■毎月抽選で10名様に見本誌を1冊進呈■（ご希望の雑誌名ひとつに○を）

①現代農業　②季刊 地 域　③うかたま　④のらのら

お客様コード

014.07

お買上げの本

■ ご購入いただいた書店（　　　　　書 店）

●本書についてご感想など

●今後の出版物についてのご希望など

この本をお求めの動機	広告を見て（紙・誌名）	書店で見て	書評を見て（紙・誌名）	出版ダイジェストを見て	知人・先生のすすめで	図書館で見て

◇ 新規注文書 ◇　郵送ご希望の場合、送料をご負担いただきます。

購入希望の図書がありましたら、下記へご記入下さい。お支払いは郵便振替でお願いします。

（書名）　（定価）¥　（部数）　部

（書名）　（定価）¥　（部数）　部

460

訊ねると、記憶にないとのこと。また、この工事が手持ち資金なしで行われたのであれば、財源であるはずの区有林がすでに売り払われていたのかもしれない、との説明があった。どのようにやりくりして決着がついたのか、その間の事情は分からない。

後日、その発言を裏づけるかのように、区有林の売却を記した書付けを藤原さん宅で発見した。参考までに載せておく。

　　　　山林売却　二万七九七一円　昭和二三年度繰越し
昭和二四年　山林売却　二万八五五〇円
　　　　□□□　一万四一〇八円〔書類破損につき内容不明〕
　　　　山林売却　二万八〇〇〇円　土地共〔以上計九万八六二九円〕
昭和二七年　手形借入　六万〇〇〇〇円　河会農協より

二、農地改革とむらの変化

アナーキーな活気の時代

アメリカとの戦争に負けた一九四五（昭和二〇）年、わたしは幼少時代を過ごした上山を離れ旧制中学校へ入った。日曜日をつかって月に一、二度、中学校のある津山市から生家へ帰るだけである。

しかも、町場とくらべて貧しさと旧習に浸かったむらの濃厚な人間関係をうとんじて、ひたすら文学的な観念世界に閉じこもっていたから、むらの現実から目を背けていたといってよい。それでも高校を卒え、東京へ移り住む五一年春までに見聞きした状況のいくつかがよみがえる。以下、その情景を書きとめておきたい。

四五年の秋から、兵隊へ行っていた男たちや徴用で工場にはたらいていた娘が相ついでむらへ帰ってきた。米の買出しに町からやってきた人たちが加わって、農家が点在するだけのこの地方も賑わった。しかし、そのなかで、広島の軍隊から帰ってきた若者は、顔中を黒くむくませて瀕死の床に横たわっていた（情報が秘匿されていたため、原爆症とはわかっておらず、周りから気味悪がられていた）。別の若者は、禁制にもかかわらず電線を谷川へ引き込んで魚に感電させ、ウナギやハヤを根こそぎつかまえて意気揚々としていた。

ジープに乗ってむらにやってきたアメリカ兵が、何ごとかを話していたかと思うと、いまだ自動車の走ったことがない山坂を上山へ向けて一気に駆け登った。またアメリカ文化の影響は大きく、敗戦から日も浅いというのに、小学校時代の同級生はおぼえたばかりのベースボールに打ち興じていた。

戦時中とだえていた村芝居が、青年団によってお宮の舞台で上演される。かれらの表情はいっとき輝いたが、数年もたたないうちに芝居の季節は終わった。公会堂に集まって営農とむらの将来を語り合う、次の世代の若者たちが取って替わったのである。こうした若者たちの動きとは別に、貧しさゆえに学校へ弁当をもって行けなかった少女Mが、子ども時代を終えると自死をえらんだ。それは、戦後何年目のことであったか。

不安定な状況は若者ばかりではなかった。肥料その他資材が不足するなかで、農家は米作りを中心にしながらもさまざまな作物の栽培を試みていた。新しい生業をもとめて牧場をひらいたり、鯉を飼う家もあった。また、事情があってむらへ戻ってきた人たちのなかで、学者を志していた中年男性はなれない手つきで牛を追って田を犂き、ある青年は徒歩と鉄道の乗り継ぎで往復に五時間以上をかけて岡山市へ通勤していた。

敗戦を境にして、季節の移ろいに合わせて暮らしてきた山あいのむらで、ひとはそれぞれに模索をする。相変わらず暮らしは貧しかったが、アナーキーな活気をみなぎらせて、つぎの局面をむかえようとしていた。

小作人の暮らし

敗戦前の日本には、田畑を他人に貸し付けて高額の小作料をとる地主制がゆきわたっていて、東日本には山形県酒田の本間一族とか新潟県の伊藤家など千町歩をこえる大地主がいた。それほど大規模ではないものの、地主制は全国にひろがり、農地の約半分が地主の所有する小作地であった。

これにくらべ上山には大地主がおらず、わずか三町歩余りをもつ地主、自作兼地主、不在地主の三軒が目立つていどであった。地主と小作の関係は、一般に伝えられるほど対立しているわけではないが小作料は世間並であり、小作人のおかれた状況はきびしかった。以下、第二次大戦前の一九三九

（昭和一四）年における暮らしを想定してみる。

夫婦と子ども二人とで暮らすAさん（仮名）の家は、六反の小作地を耕す農家である。小作人は田んぼを借りるにあたって収穫した米の半分強を地主へわたす約束になっていた。反あたり四俵半をあげ、全部で二十七俵を収穫したとき十四俵を地主へ納め、十三俵が自家用としてのこった。Aさんは農業の合い間に日雇などに出かけたが、年間をとおして生業の柱は米作りである。したがって、手元の十三俵からできるだけ多く販売に回せるよう、飯米を切りつめることに夫婦で知恵をしぼった。

飯米をぎりぎりの四俵におさえ、主食は麦や雑穀を混ぜ合わせるのが長年の習慣であった。しかし米三分、麦七分の炊き込みではまずくて食べられたものでない。そこで下茹でして軟らかくなった麦を米にまぜ、二度炊きをする工夫が生まれたという（加工した押し麦が普及するのは四〇年代になってからである）。その結果九俵を売りに出し、一俵十二円として一〇八円の収入をうることができた。

年間収入の大半を占めるこの金額を、他業種や自作農と比較するとどうなるか。当時の日雇労働者の賃金は全国平均で一円九十七銭、一年の半分をはたらくと三六〇円の収入である。また小学校教員の初任給はボーナスを除き年間約六六〇円であった（『値段の明治大正昭和風俗史』）。かれらにくらべ、食糧を自給するとはいえAさん夫婦の農業収入は少なく、まして実質賃金に至ってはおどろくほど低い。当然のことながら、米作り以外の仕事で補わなければならなかった。

同じ時期に九反の田地をもつ自作農は四十俵を収穫し、うち三十俵を売って三六〇円の収入を得ることができた。小作農にくらべると格段に恵まれているが、むらの中堅どころというのに年間収入は月給取りを大きく下回っていた。

ＧＨＱ（連合国軍総司令部）が日本の民主化のために地主制の解体と自作農の創設を指示したのをうけて、日本政府は一九四六（昭和二一）年から農地改革に着手する。複雑な経過をへたのち実施された農地改革は、不在地主がもつ小作地のすべてと在村地主の一町歩をこえる農地とを政府が買い上げ、小作農へ譲渡するものだった。

農地の細分化

上山における農地の買上げは、二名の不在地主および六、七名の地主、自作農が小作に出している約十町歩の田地を対象にしたとみられる（上山の水田の約二割にあたる）。この農地を小作人は買い取るが、有料とはいえインフレがすすんでいたのでタダ同然だったという。かれらのあいだでは、自分の田をもちたい、いま少し持ち田をひろげたい、という切実な欲求が潜在的に渦巻いており、降って湧いたこの出来ごとを歓迎した。農地改革はかれらにやる気を起こさせ、むらに活力をもたらした。

他方、小さな地主たちは田地を手放すことを強いられたうえ、雀の涙ほどの代金を受け取る破目におちいった。そのうえ小作人と地主とのあいだに立場の違いから生じる感情のわだかまりがなかったとは言えない。がしかし、それは戦前の上下関係から派生した傷痕であり、時間が解決するのを待たねばならなかった。

さて、農地改革に前後する一九四〇年代後半に上山の田地はどのように移動したのだろうか。その一端を「上山区費徴収簿」から覗いてみたい。

田地をもつ農家は一九四四（昭和一九）年に約六十戸であったが、改革をへた後の五一（昭和二六）年には約九十戸へと五割方ふえている。増加したのは小作専業者が自作農へ変わった以外に、戦争末期に都市から疎開してきた家への分譲、復員兵士による耕作の再開などさまざまな事情がかさなった。戸数の増加にともなって、一戸あたりの田地は九反から六反弱へと狭まり、五反以下の零細農家の数は改革前と変わらず三分の一を占めていた。一町歩以上の上位農家は減反した家が多く、戸数も三割方減っている。

農地改革によって農地の一部は階層間で移動したが、零細農家を多くかかえる点では変わらなかった。農地の細分化を成行きにゆだねることは、長期的な視点からするとむらの活力を損なうことに通じていた。

農地改革と増産意欲

第二次大戦後、食糧の不足ははなはだしくヤミ米がとぶように売れており、米の増産は社会的に急務とされていた。こうした状況のもと、上山では農地改革で田地を手に入れた農家が活発に動きはじめる。

小作をしていた高田のヨッちゃんこと義昭さんは、不在地主から借りていた四反の田んぼを買い取り、さらに数年後、離村する農家から約三反を買い受けて持ち田を七反に拡大、自作農としての足場をきずいた。かれは満ち足りた思いをもって米作りにうちこむ。品種改良と施肥の改善とが相まって、反収七俵がふつうだった時代に畝俵《せびょう》（一畝あたり一俵、反収に換算すると十俵）を収穫したのは、さほど後のことではない。そのほかにも畝俵をとった農家は何軒かあった。精農は若者だけでなく、世代をこえて共通する指向であった。

農地改革は全国的に小作農をなくすという所期の目的を達成し、上山では営農意欲の向上にむすびついていた。掛井手工事を推進したエネルギーは、時代の趨勢と相まち、解放された生産体制のもとで培われたのであろう。

三、最後となった自力改修

出役は反別割か

本書の冒頭で取り上げた一九五七年の池普請は工事記録が見当たらず、工事の概要および村びとの参加状況はあいまいだった。当初の聞き取りから三、四年が経ったころ、姉の小林歌子から新しい事実を教わった。

池普請に出たのは「古い手帳をみたら男は十日、女は二十日と書いているから間違いない。家《うち》からはわたしが行ったが、日当は一銭ももらっとらんよ。……そのころ田は三反ちょっとつくっていた」。かの女の証言によって、「男は十日」間、ステブ（捨歩、無給労働）で就労したことがはっきりしたわけだ。女の場合、男より出役日数が多いのは、古くからの差別賃金に由来しているからだろう。

ところで、十日間のステブが全戸への割当てであったかといえば疑わしい。なぜなら切りがよい日数であるのに憶えている人がおらず、また零細農家から十日はきつすぎるとの不満もあがらなかったからだ。全戸一律のステブでないとすれば、どのように割り当てられたのだろうか。

こうした疑問をいだいて、わたしは小学校時代の友人である高原弘さんを訪れた。かれは百姓仕事に精通し地元の事情にもくわしいので、それまで何度か会っていた。わたしの話に耳を傾けていたかれは、おもむろに口を開いた。「池普請で日当はもらったかナ？　反別割の「無償奉仕」だった気がする……」。ステブの日数が反別割で決まったとの話は初耳だったが、それまでの聞き取りの内容をふり返ると納得できる気分であった。

反別割とは田んぼの面積に応じて割り当てる方法であり、明治以来池普請の慣行とされていた。

反別割を検証する

出役の日数が反別割で決まっているとしたら、三反の田をつくる歌子さん家の十日を基準にして、九反の農家の出役はその三倍の三十日となる計算だ。ただし、池掛りの田は川掛りの田より水費が割高な分だけ、出役日数も割増しになる。したがって、反別割といっても単純な面積比ではない。

この計算方法をたずさえて、何人かの方に出役日数を質問して回った。そのなかで一反強の田をつくるトクちゃんこと、坂徳男さんは「大芦池で石工としてはたらいたのち三日か四日、ステブに出た」と明快に語る。反別が歌子さんの三分の一だから、ステブも三分の一であり、弘さんの言う「反別割の無償奉仕」を裏づけることができた。後日、ほかにも反別割であったことを思い出す人が現れた。

ステブ採用の意味

五七年の大芦池改修は、むらの人たちが労働を提供して仕上げた大型の池普請である。伝統的な工法を引きついだが、ステブを全面的に採用した点で従来の工事と様子を異にした。

大戦前は、田地所有者（水受人）と田地をもたない小作農家とに分かれており、前者が工事費を負担し、一般の住民が就労して賃金を受け取る仕組であった。ところが大戦後になると、農地改革によって田地をもたない農家がなくなったので従来のやり方をあらため、反別に応じてステブを割り当てた、と考えることができる。出役の日数は少ない家で数日、多い家は三、四十日に達したとみられ、ステブとしては前例のない規模となった。

この間のいきさつは一見複雑にみえるが、反別に応じて負担するという基本は明治、大正から一貫して変わらない。状況の変化にともなって、負担のかたちを工事資金の拠出からステブへと置き換えたのである。むらにとって変わらないものと、変えてよいものとは区別されている。

最後に、ステブということばについて。むらの人たちの多くはこのときの出役を無給であるとの理由からステブと呼び、わたしもそれに倣ってきた。しかし、昔からそのように使われてきたのか、とふと考える。江戸時代、藩や代官などの権力者が無給の出役を強制した場合、むらでこれを「捨て人歩（捨歩）」と呼んでいた。しかし村仕事といわれる共同事業への出役を同じく「捨て人歩」として捉えたか、それとも性質の異なる労働として区別していたのか。出役とステブの関係はもう少し考えてみたい。

池普請は町営へ

五七年工事で英田町からの補助金はなく、区の財政は極度に逼迫していた。人夫がすべて無給でも一定の経費は必要であり、やりくりは大変だったらしい。

当時すでに日本経済が復興し、上山も戦後の不安定な状態から脱け出していた。農業の未来は明るいとまでは言えないが、農家は一俵でも多くの米を穫ろうと努めていた。むらは若者をふくむ豊富な労働力をかかえ、まもなく米作りの最盛期をむかえることになる。一方、農業の機械化はまだはじまっておらず、牛に田を鋤かせねこ車で運搬するなど昔ながらの農法が生きていた。池普請は恵まれた労働力と使いなれた農具をもちよってすすめられたのである。

ところが六〇年代になると、土木工事の機械化とともに、池普請は国の予算をつかって英田町が業者へ発注する制度に変わる。五七年の池普請はむらが自主的に施工する最後の工事となった。以後、むらの人たちは資金の調達や出役にわずらわされることもなく、土手の改修や周りの沼地の埋立てを見守っていた。それは高度成長の時代ともかさなったので、安堵する代償として長年育んできた人びとの絆がばらけるのを避けられなかった。

Ⅲ部　忘れられたむらの日々

上山の近代

風が吹いて、海も山も、一斉に白く光った。……その同じ風に吹かれているうち、ここに到着したときに感じた、失うことへのいたたまれぬほどの哀惜の思いが、自分の内部で静かに変容していくのを、目の前のビーカーのなかで展開される化学変化を見るように感じられた。

……

それは老年を生きることの恩寵のようなものだと思う。若い頃は感激や昂奮が自分を貫き駆け抜けていくようであったが、今は静かな感慨となって自分の内部に折り畳まれていく。そしてそれが観察できる。

……時間《とき》というものが、凄まじい速さでただ直線的に流れ去るものではなく、あたかも過去も現在も、なべて等しい価値で目の前に並べられ、吟味され得るものであるかのように。喪失とは、私のなかに降り積もる時間が、増えていくことなのだった。……喪失が、実在の輪郭の片鱗を帯びて輝き始めていた。

梨木香歩『海うそ』

8章　風土に根ざす生業と暮らし

一、牛を飼う循環的な農法

上山に適した牛の働き

田を耕すのに耕耘機を使うようになったのは、高度成長期以後、近々半世紀内のことである。それまでは牛や馬の畜力を利用しており、上山《うえやま》のほとんどの家で牛を飼っていた。

長屋（納屋）の一角に設けられた小屋で、牛は一日じゅう餌を食べ、そして反芻しながら時を過ごしていた。春をむかえ牛の出番がくると犂を牽いて荒田を起こし、田植前には土くれをくだいて田を均らすシロカキに駆り出された。

牛は馬にくらべ機敏さで劣るが耐久力にすぐれ、上山の粘土質の田を耕すのに向いていた。また、急な坂道で重い荷物を運ぶことができたので、米や麦の出荷などに重宝がられた。そのほか、一部の農家は山から木炭を積み出したり、木出しをするのに牛を用いていた。木出しとは二、三メートルに切りそろえた木材数本を牛に曳かせ、山からトラックの積込み場まで運ぶ作業である。

少し古いが、上山における牛飼の状況を示す資料がある。一八七二（明治五）年に英田郡三十四か村で飼育する牡牛七二六頭のうち、上山村が一〇四頭と郡内の一四％を占めている（『英田町史』）。この数字から、力の強い牡牛が上山の風土に適していることがうかがえる。なお当時の上山村は渕尾、赤坂という田地の少ない地域をふくんでいるので、一〇四頭の大部分は上山地域の九十六戸で飼っていたと推測される。およそ農家一戸につき牛一頭の割合である。

自給飼料と堆肥作り

牛は草食でしかも粗食に耐えるので、春から秋にかけては青草と柴、冬場には干草と稲わらをあてがうのが普通だった。きつい作業につかせたときは特別に麦や豆がらを煮て食べさせた。要するに、現金の出費をしなくてすむ自給飼料で飼うことができたのである。

上山は棚田地帯なので平地と異なり畔《あぜ》が多く、岸も高いので田畑の周りには草が一面に生い茂る。農家では作物が日陰にならないようにと年に何回も草刈を行っていた。だから飼料を得るのは余分の手間ではなく、草刈は一石二鳥だった。青草のない冬場にあたえる稲わらは、米を収穫するさいの副産物で、牛小屋に敷いて堆肥の原料ともなった。

牛を飼うことは、役畜という本来の目的のほかに別の利点をともなっていた。そのひとつは堆肥作りである。牛小屋で糞尿をまじえ踏み固められたわらや柴の堆積物を、一段低い場所に設けた集積場にかき出し、積み上げる（鼻をつきさす悪臭があたり一面にたちこめる）。一定の量がたまると上下に切り返して腐熟させ、堆肥ができあがるのを待つのだった。

昔から人糞を畑に施し、作物を育てる農法は全国的にひろがっていた。上山も例外ではなかったが、牛飼を利用した堆肥作りはそれにもまして有効だった。野生の草やわらを素材とするので元手をかけず、良質の肥料を大量に生産することができた。そしてふたたび、これらの素材を自然へ還すのである。風土を活かしてできあがった循環的な農法であり、それは上山農業のひとつの特徴をかたちづくっていた。（大戦前に豆かすその他の「金肥」をつかうのは、中堅以上の自作農にかぎられていた。）

子牛の飼育と屍体処理

牛を飼う目的には、子牛を育てて飼育料をかせぐこともふくまれていた。通常、牛の売買は博労を介して行うが、博労は農家へ牝牛をあずけて子を産ませたり、子牛をつれてくることがある。農家が成牛に育てると市に出して売り、その代金のなかから飼育料を支払うのである。博労は農家の面倒をみることによって自らの生計をたて、農家は余禄ともいうべき収入を手にする。共存共栄の関係である。

ところで、牛の取引は博労が請け負ったが屍体の処理はどうなっていたのだろうか。頑健な牛といえども生き物だから病死、事故死、老衰が生じる。第二次大戦直後のこと、ある農家では屍体を裏山へ埋めたが、それ以前のことは不明である。博労が引き取ったのだろうか。

日本では昔、牛肉を食べなかったと伝えられるものの屠畜は行われ、なめし皮がひろく流通した。

近世において「百姓や町人たちが死牛馬を勝手に処分することは禁止され」、「かわた」身分の人びとのみが「死牛馬を必ず無償取得できるという特権」をもっていた（寺本伸明「屠畜と皮革」）。明治維新後、身分解放令によって旧来の特権は廃止されるが、事業そのものは存続したはずだ。

このような歴史的事情は、上山の牛飼にどのような影をおとしているのだろうか。屍体の発生がさけられない以上、それを処理する労働が必要なのは言うまでもない。ただし、屠畜と屍体処理にたいする古くからの根づよい偏見と差別はいまなお尾をひいており、実態の解明を妨げている。ここでは上山の牛飼を支えた地域集団がかつて存在したことを指摘するにとどめたい。

二、畑作およびその他の生業

畑の歴史、「大畠」

上山の西の境を南北にはしる尾根は金合の西側で台地状となり、そこでは山地の中央に一枚の畑がひろがっていた。「大畠《おおばたけ》」と呼ばれるこの畑は三反ほどの広さをもち、上山の田畑のなかでもっとも大きかった。いまは奥方面への道路にけずられ、のこされた部分が栗林となっていて、一見したところ山林との区別がつかない。

この土地がかつて梨畑であったことを知る人はもういない。そもそも上山で梨は育たぬものとされてきたのだから。だがじつは、明治時代に畑の持ち主藤原仲太郎が梨の木を植え、取れた果実を大阪方面で売ろうと目論んだ。おそらくお隣りの鳥取県ではなばなしく登場した名産「二十世紀」梨にあやかろうとしたのであろう。だが気候や土質が合わなかったのか梨の栽培は失敗に終わった、と孫の毅さんは語っている。

作物の知識や農業団体による技術指導の少ない時代だから、仲太郎は現地へ足を運び情報を集めたものと考えられる。また二百キロ近く離れた大阪にどうやって販路を開こうとしたのか、興味はつきない。いずれにしてもかれは進取の気性に富んでいて挫けることをしらず、その後も時勢に沿った作物をつくっている。

大畠の周りには現在茶の木を見かけるが、これは幕末のころ藩が専売制をとっていた茶の栽培の残りだろう。当初三軒で持ち合っていたこの畠は、やがて仲太郎一軒のものとなり、大正時代には桑園につくりかえて養蚕ブームにのった。昭和にはいって養蚕が下降線をたどるとふたたび元の畑へもどし、戦時中は食糧増産のかけ声のもとで麦や大豆、さつまいもなどを植えつけた。

主な品目を年代順に並べると、茶―雑穀―梨―麦・大豆・さつまいも―栗ということになり、米作りを補完する換金作物が大半を占めている。これは近代上山における代表的な畑作の在りようだ。

桑畑がひろがる大正時代

晩春をむかえ蚕の季節がやってくると、あちこちの桑畑ではみずみずしい桑の若葉が陽に映えてかがやく。おとなの頭がかくれるくらいの桑畑で、いっせいに葉をつむ作業がはじまる。

養蚕が盛んになったのは大正年間（一九一二～二六年）のことである。県や郡の指導と助成のもとに、美作の各町村では養蚕組合を設立して取り組み、普及が一段とすすんだ。その状況は桑園反別の推移からみてとることができる。上山にかぎった資料は見当たらないが、河会村全体では一九一三（大正二）年に「桑園反別二十四町歩、年々四、五反歩を拡張しつつあり、将来の発展を見るべし」と記録されている（「河会村郷土誌」）。それから八年後の一九二一（大正一〇）年には五十五町歩（『英田郡誌』）と二倍以上に達し、この時期の急速な変化を物語っている。養蚕がピークに達するまでの期間、上山で桑畑はふえつづけたと推測される。

桑園以前の畑では主に麦を作付けしていた。そのことを「麦の収穫年々増収の姿なれども桑園に変換さるる為、石数の増加を見ず」と「河会村郷土誌」は養蚕初期の段階で早くも指摘している。しかし麦畑からの転作では足りず、周辺の山野を開墾して桑畑を拡大する農家もあった。養蚕を営むには桑畑のほか、蚕室を設けるのにふさわしい、温度管理ができる母屋を必要とした（まゆを増産するために、三間下がりの間取りに増改築した家があるくらいだ）。このためブームは二十年近くつづくが、桑畑と蚕室を確保できる養蚕農家は上山全戸の半ばに達しなかったもようである。

桑の跡地に農作物

まゆ価格が暴落する三〇年代になると、桑の木は掘り起こされる。

養蚕が衰えると、桑に代わって麦畑がひろがった。上山では田地の水はけがわるく日照時間も短いため二毛作を行えず、麦は畑でつくるものとされていた。大きく分けて麦は二種類があり、米に混ぜて炊く自家消費の安麦（裸麦）と、売値の比較的安定している小麦とであった。安麦は、持ち畑の面積に関係なく米を補う食糧としてどの家でもつくっており、小麦は畑のひろい家が中心だった。

畑には麦のほかさつまいもや食生活に欠かせない豆類などが作付けされていた。米麦に炊きこむ粟やきびといった雑穀がふえるのは、戦争がはげしくなる四〇年代のことであったか。畑の面積はかぎられており、水田の畔に大豆や小豆を播く「あぜ豆」作りが盛んだった。

食用以外の葉たばこ、はっか、綿などの換金作物も栽培していた。そのうち葉たばこは炎天下で作業するため労働はきついが、収入がよいので長続きする農家が多かった。

食べ物と山野の恵み

少し横道にそれるが、野菜作りに関連してこの時代の食生活にふれておきたい。当時、栽培する野菜は元もと種類が少ないうえ、畑のせまい家では野菜そのものをほとんどつくらなかった。むら全体では腹の足しになるかぼちゃ、たくあんにして年中食べる大根、簡単につくれる葉物をよく見かけたが、手間のかかるトマトやきゅうりといった季節ものをつくらない家が多かったように思う。だから農村とはいえ、どの家でも野菜の類いには意外と縁遠かった。

この時代、わが家の食卓は養蚕の衰退とともに大きく変化した。幼年時代までは月に一度か二度、天秤棒で竹籠をかついだ魚屋が峠を越えてやってきた。籠のなかにはサバやイワシなどの大衆魚とともにサワラ、ハモ、タコといった瀬戸内海のうまい魚がならんでいた。魚屋が訪ねる家は、新聞を購読している五、六軒と重なっていたというから少数だったのだろう。また、牛肉を買ってきた父がいつも自分ですき焼きをつくるのを記憶しているから、肉や魚は正月や祭り以外にも食べていたようだ。しかし小学校へ上がるころから牛肉と疎遠になり、まれに口にするのは自分の家で飼っていた鶏や兎の肉へと変わっていた。行商の魚屋もいつしか見かけなくなっていた。

四季の折々には自然の豊かな食べ物と出会った。新緑のころともなると、冬のあいだにうま味をたくわえたフキやワラビ、そして孟宗、ハチクなどの竹の子が出揃い、いずれも絶品だった。(山菜の代表格であるタラノメは自生していたが、近年まで採る人はいなかった。山菜を採らなくても、農作物で足りていたらしい)。秋には山でしめじや松茸その他のきのこ狩りをし、冬には田んぼでせりやみつばを摘んだ。

果物は初夏にスウメやユスラ、ビワなどがあり、秋には柿、栗、そしてイチジクその他が実をつけた。柿は吊るし柿をつくる渋柿をふくめ、どの家でも屋敷の周りや田畑の岸などに植えていた。溜池や谷川といった水場ではフナやハヤが釣れ、夏にはウナギも捕れた。田んぼのドジョウは晩秋以後、食卓をにぎわせている。とかく不便さをかこつ山あいのむらだが、自然の幸に恵まれていた。採集は大人ばかりでなく、子どもへ一任することが多かった。労働というより遊びの性格がつよいうえ、子どもは食べる楽しみが大きいのでよろこんで引き受けていた。

自然が豊かとはいえ、農地が少なく山野を所有しない農家は、自然の恩恵からも遠かった。

山持ちと山仕事

上山の山地は落葉樹がひろがるなかに、所どころ赤松の林があり、山際まで田畑が拓けていた。英田町域で十町谷には数百町歩をもつ山林地主がいるのにたいし、上山にはひと桁クラスの小地主しかいなかった。山地主は赤松が生長するのをまって「山を売り」(立木を売り)、落葉樹林では頃合いを見はからって炭を焼いた。「茸山《たけやま》」からは毎年松茸を出荷した。山地主はさまざまなかたちで収入をあげ、所得は一般農家を上回ったので、「山持ち」といえば裕福な家を意味していた。

山は事業のためばかりでなく、家庭でつかう薪の供給地として重要だった。当時、薪は食べ物を煮炊きし、風呂をわかす燃料となり、その熾《おき》や消し炭でもって暖をとっていた。いまとちがって電気やガスをつかえない時代に、薪は唯一のエネルギー源だった。したがって、山をもたない家は共有林である「野山」を利用する一方、少しでも持ち山を手に入れようとつとめたものだ。

山は所有者ばかりでなく、地元の人にも稼ぎをもたらした。山林の売買が成立すると、木こりは山にはいって立ち木を伐採し長さを切りそろえる。木出しは木材を牛に曳かせトラックの荷積み場まで運び出す仕事を引き受ける。リーダーはそのつど人をあつめ、数人でチームを組んだという。

炭焼きは農閑期を利用して行う仕事であった。落葉樹の林に炭がまを築き、あるいは前年のかまに木材をつめて焼く。炭を焼くのは、農家が山地主から請け負うことが多かったが、働き者の地主は外注をせず自分ではたらいていた。

賃仕事と職人

上山で米をつくっても、それだけで家計をまかなうのは大変だったので、自作農をふくめ賃仕事に出かける家は多かった。山仕事以外に田植や取り入れ、米麦の運搬といった農家の手伝いがあり、土木工事ではたらくこともあった。

古くは明治から大正にかけて、石工や大工といった職人が何人も住んでいた。石工は主に棚田の石垣を組んでおり、大芦池の改修に石工四人が名を連ねている。一方、大工と屋根葺きが仕事の注文をとりやすい平地へ引っ越したのは、昭和の初めであったか。鍛冶屋もいつのまにか姿を消していた。一九三〇年代にはなお大工や左官、石屋、屋根屋、木挽き、下駄屋などがいたが、かれらの大半は専業でなくわずかな田畑をつくる兼業者であった。変わった職種といえば池普請や盆踊りで美声をきかせる音頭取りがいたことは前述のとおり。その他小商いで生計をたすける家が何軒か記憶されている。酒、たばこ、駄菓子を家屋の一隅で扱っていたが、いずれも長続きはしなかった。

最後に、家業の別格として「月給取り」をあげねばなるまい。農家の跡取りが教員になったり、村役場や郵便局に勤めて、農作業は家族や作男にまかせていた。給料は農業収入を大きく上回っており、一般農家にとっては高給を取る「ホワイトカラー」はまぶしい存在であった。

農閑期の仕事

秋の取入れが終わり農閑期をむかえても、農家はひまな日々を過ごすわけではなかった。家事労働と併せて畑仕事、家畜の世話など年間をとおして行う労働があり、それにくわえてこの季節特有の仕事が絶えることはなかった。薪取り、縄ないや草履作りといったわら加工、漬物やみその仕込み、そして干し柿のための皮むきや黄粉《きなこ》をつくる臼挽きといった具合だ。また農具の手入れと作業場の補修、それにくわえて村仕事のお寺や神社の掃除と修繕などなど。男も女も仕事の種類を数え上げれば切りがない。

農閑期を主とするこれらの仕事は直接経済的な富を生むものではないが、「生業」は「生活のためのしごと」という定義（広辞苑）にしたがえば、稲・麦作をはじめとする農業、お金を稼ぐ賃仕事につづく、生業の第三の分野ということになるだろう。三つとも農家にとって欠かせない仕事である。

自然にムダな物はない

農家をとりまく環境には、一見ムダとみえてもムダな物はなかった。

山林は木材や薪炭の供給地であり、落葉かきや草刈に利用された。竹藪は放置すると周りの土地を侵食し手をつけられないが、手入れをするとそれなりに有用であった。竹は樋や杭、花筒、それにハデ木（稲掛）と用途はひろく、また竹細工用として業者が買いに訪れることもあった。竹の皮も一時食品包装材として売れ、小遣銭稼ぎになったものである。

そのほか、原野は屋根を葺く茅の栽培地であり、棚田のひろい岸は草刈場となった。川は灌漑に欠かせぬ水路であるうえ、水車を設置して精米を行った。自然はそれぞれ持ち味を発揮したというか、人びとは自然のなかで巧みに暮らす術《すべ》を見出していた。

つぎに、子どもの視点から自然をながめると、昔はプールがなく、川は水浴びをし小魚を追う遊び場だった。柿取りを木登りのチャンスとしてはしゃぎ、集落と山地の境までクワガタを獲りにいった。遊園地と縁はなかったが、子どもは自然の形状に合わせて遊び、育っていった。おとなも子どもも、自然をいかし自然にいかされていたのである。

三、村仕事は結束を固める　上山区の事業

むらが行う事業（村仕事）は多岐にわたっているが、なかでも大芦池の水の管理と大型の池普請は代表的な事例である。すべての集落が池水を分け合ってつかうシステムは昔から出来上がっていて、水争いを未然にふせぎ、協働を重んじる気風をやしなっている。池普請は過去一五〇年間に、千人以上を動員するという田舎ではまれな規模でくり返し施工された。わずか八、九十戸のむらが、身の丈にあまる事業を自力でもって達成したわけだ。

以下、水関係をはじめとする区費の内訳をみていきたい。

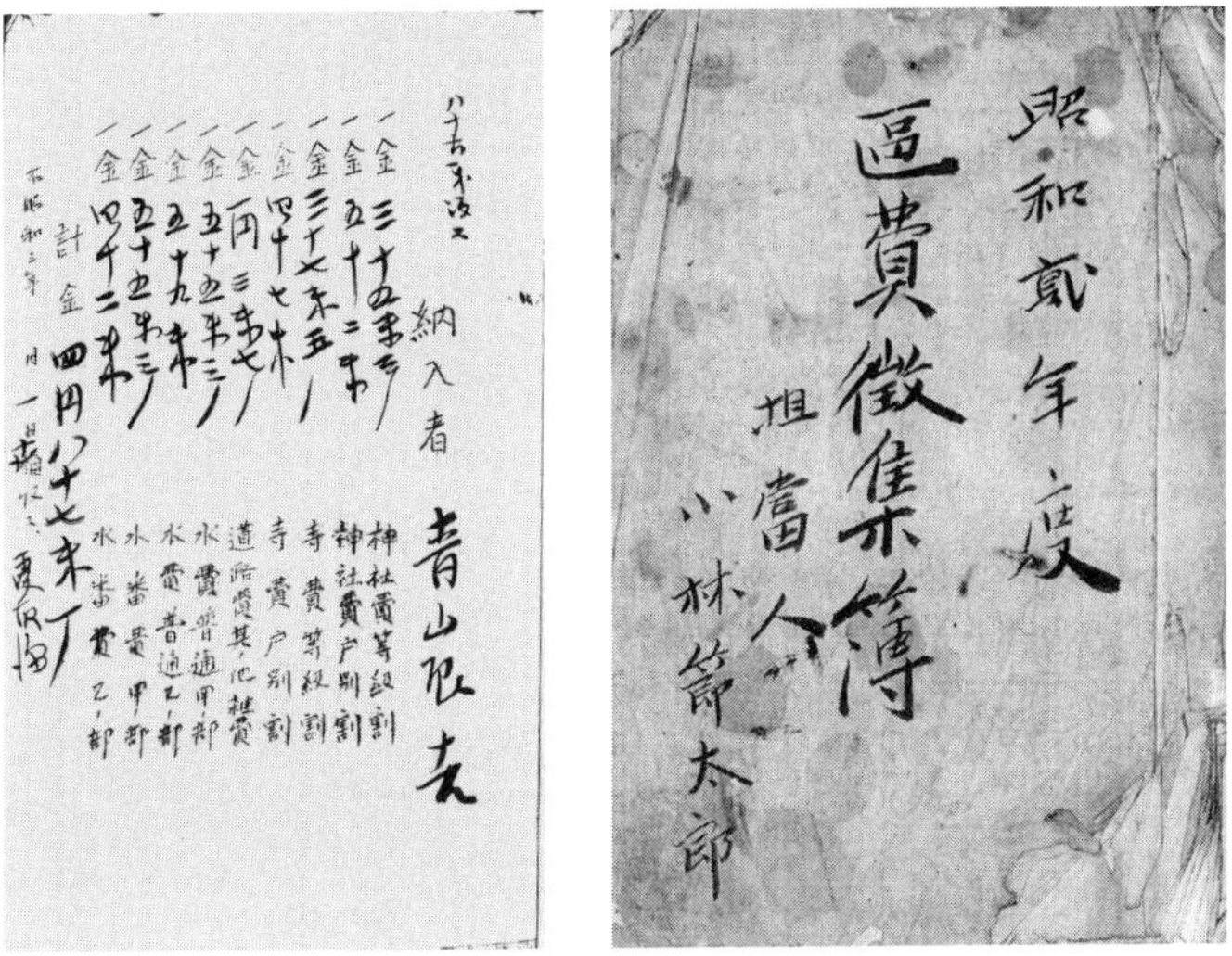

図8—1　1927年の区費徴収簿

半ば以上が灌漑費

上山区の年間決算にもとづく「区費」の徴収状況を調べると、毎年「水費」と呼ばれる科目が全体の金額の半ば、あるいはそれ以上を占めている。

上山区は、池水を利用する水田の持ち主へ池掛り、川掛りの水田面積に応じて水費を割り当てた。池掛りは井手をとおして池水をひく田であり、川掛りとは川水でもって灌漑する田のことである。一反あたりの金額は一九五一（昭和二六）年の場合、つぎのとおりである（銭以下は四捨五入）。

【池掛り】普通費三十一円、水番費五十四円

【川掛り】普通費二十一円、水番費二十七円

なお、水費は上山地区へ入作をする他村の農家からも五〇年代半ばまで徴収している。

現在、区費徴収原簿は元区長宅などに保存さ

表 8—1　区費の内訳と推移

	1927 年		1951 年		1956 年	
	円	%	円	%	円	%
水費・水番費	263	47	32,874	61	45,658	62
道路修繕費ほか	126	23	17,309	32	20,150	27
神社費	90	16	2,716	5	3,720	5
寺　費	75	14	870	2	4,000	5
計	554	100	53,769	100	73,528	100

一戸あたり賦課	1927 年	1951 年	1956 年
神社費	戸別割　52 銭 等級割　あり	等級割 18〜35 円 (4 等級に区分)	戸別割　40 円
寺　費	戸別割　47 等級割　あり	戸別割　10	戸別割　50

れていることが多く、わたしは大正八年（一九一九）から昭和三十一年（一九五六）までのうち、半ばを手にすることができた。帳簿の表紙には「区長」ではなく、「担当人」または「常設委員」と署名されている。

帳簿のうえで区費は、①水費、②道路修繕費その他雑費、③神社費、④寺費の四科目からなっており、この分類は全期間をとおして変わらない（ただし、大正期の半ばには「野山費」の項があった）。徴収簿には上山の全戸について科目別の金額を記入してある（図8—1）。

費用がかさむ道路費

区費徴収簿に記載された道路関係の費目は、時代によって微妙に変化するが、要は「道路修繕」と「その他雑費」をひと括りにしたということのようだ。道路の修繕をことさら前面にかかげたのは、上山の道路の特殊事情を反映してのことだろう。坂道にせよ斜面を横切る道にせよ、大雨のたびに土砂が流れ、粘土質の箇所はぬかるみがひどい。

人が往き来し、物をはこぶためには平地の何倍ものメンテナンスを必要としたのである。（悪路が解消されるのは、高度成長後に舗装されるのを待たねばならない。）

道路費の負担は金額が一律の戸別割と、経済力に対応する等級割の組合せを基本にしている。一九五一（昭和二六）年の場合、「戸割五十円、その他等級割」とある。この年の道路関係費は一戸平均百九十円であるから、そのうち百四十円分が等級割ということになる。

神社費と寺費

大戦前、神社費と寺費を合計すると区費の三割に達しており、むらのなかで重要視されていたことがうかがえる。この区費は上山神社と妙徳寺の修繕や大掃除にあてるほか、秋祭り、盆踊りといった年中行事の経費の一部をまかなったと思われる。

宗教関係費は、長年にわたって道路費と同じく戸別割と等級割の組合せで徴収されてきた。寺社はほぼ全戸に関わりがあるとはいえ、戸別割のみでは低所得層の負担が重すぎるところから考案されたのであろう。敗戦後、徴収内容は様変りした。ひとつはGHQ（連合国軍総司令部）から政治と宗教の分離を指示されたせいであろうか、大幅に金額を減らしている。その二は、農地改革によって所得格差がちぢみ、負担感が小さくなったことをうけ、神社費、寺費とも戸別割に一本化した点である。

毎年の定例区費以外に、事業に応じて臨時徴収が行われた。たとえばⅡ部で詳述した大型の池普請のほか、五五年の大芦池の修繕である。また灌漑以外では三〇年代初めの農業倉庫の建築、五四年の修繕などがあげられる。

祭りと盆踊り

上山神社の祭りは秋の取り入れが一段落したときを見計らい、一〇月下旬と定まっていた。当日は朝早くから神主が打ち鳴らす太鼓の音がひびきわたって祭り気分を盛り上げ、午後から催しごとがはじまった。若者たちが神輿をかついでねりあるき、エネルギーを発散する。獅子舞は派手な振舞いで子どもたちをおびえさせ、うれしがらせた。そのほか、演芸舞台にかけられた田舎歌舞伎は、衣裳と仕草の物珍しさが非日常の世界へ誘うのだった。餅投げに女と子どもが打ち興じたのは、歌舞伎がもう行われなくなったのちの時代であったか、記憶は定かでない。秋祭りは豊作を感謝し、地域と家々の安全をねがって氏神様をまつる儀式に由来するが、いつしか村びとが思いのたけ楽しみ、みずからをいやす場と変わっていた。

お盆に帰ってくる祖霊をなぐさめるための盆踊りも、日頃の仕事を忘れ夏の一夜をすごすイベントであった。神社の境内に組んだやぐらの周りを音頭に合わせて踊る大人たちは、日頃見なれた動作とちがい足取りもかるかった。子どもたちは親からもらった一銭玉や五銭玉をにぎりしめ、二、三軒ばかりの夜店の前を往き来して飽きることがなかった。踊りがたけなわになるころ、若い男女は連れ立って闇の中へ消えたともいう。

祭りや盆踊りに熱中しても、きびしい農作業から解放されたり、貧しい生活が変わるとはだれも考えない。だが、暮らしにけじめをつけることによって、明日への活力を生んだのであろうか。イベントがはじまった時代は定かでないが、幕末に建設された演芸舞台はそうした気運の盛上がりの産物である。一方、灌漑のための共同作業は遠く中世からつづいており、むらの事業は古くからはたらくことと、遊び楽しむことを車の両輪として併せもっていた。

負担はみなで分かち合う

村仕事の代表格である池水の管理と池普請の場合、池水の消費者である田地所有者が反別割によって費用を持つことにきまっていた。

反別割は、池掛りと川掛りの田んぼ別に基準単価を設定しておき、農家の所有する反別（田の面積）に応じて分担金を支払う仕組である。この割当方法はおよその原価にもとづくとともに、田んぼからあがる家ごとの収益に見合っていて、だれからも文句をつけにくく、だれもが納得のゆく妙案であった。原価主義と受益者負担は、公正を期してむらがつくりあげてきた成果であろう。

区の道路費、寺社費にみられる等級割は、反別割と同じく経済力を反映した高割の一種で、家ごとの格付けにもとづく割当である。反別割、等級割はいずれも富める者が分に応じて拠出することになっていた。

その一方、むらの成員すべてが貧富に関係なく費用の一部を分担する戸別割が道路費および寺社費で採用されていることはすでに述べた。ほかに明治・大正期の池普請では一日ないし二日、無給の出役が組まれているが、これは経済的な効果という以上に村びとの人格を認めるためにはじまった制度とされる。

むらの運営にあたっては高所得者が応分の負担をすると同時に、全員が村びととしての義務をはたすよう、バランスをとることが重視されたのである。

人も資材も地元優先

昔から上山では、むらのことは自分たちでするのを建て前としてきた。

したがって、村仕事のさまざまな局面で人夫はもちろんのこと、石工、大工といった職人、さらには音頭取りの芸人まで地元の人を雇っている。池普請の記録のなかで、例外は大正期に山方からのダンジ応援隊、戦後の掛井手工事でのセメント工などの専門職を村外から受け入れたくらいで、その回数はかぎられていた。

元もと、むらでは人手が余っているのに働き口のない時代が多く、農家は就労の機会を待ちのぞんでいた。だから区が提供する賃仕事は願ったり叶ったりの機会であった。なかでも明治の池普請は、地元民優遇の村仕事として記憶されてよいだろう。一回限りの高賃金というハプニングであったかもしれないが、世間相場を上回るかのような日当が支払われた。池普請のために田地所有者からあつめたお金を、労賃として地元住民へ還流させることは、むらを豊かにする方法でもあった。

村仕事に必要な資材もまた区内から調達された。池普請のさいには底樋用の松材を買いつけており、神社の修繕にあたっては柱材を山から伐りだしている。

話は異なるが、むらは四年に一度、大芦池の底にたまった土砂をさらうメンテナンスの前作業として、池水を落とし「フナ獲り」を催した。当日、男たちは太鼓の音を合図に喚声をあげながらいっせいに池へ入ってゆき、竹まち（大型網）でフナやコイ、ウナギを大量に捕まえる。女と子どもは浅瀬で泥まみれになり、ざるでもって小ブナをすくい貝をひろう。獲物は日頃口にできない蛋白源ゆえに重宝がられ、むらをあげて楽しむイベントとなった。ただし注目すべきは村びとの漁獲量を確保するため近隣のむらからやってきた男たちには入漁料を課し、入場者を制限したことである。

池普請ではお金が域外へ流出するのをふせぐため外部の者を雇わず、フナ獲りでは他村からの入漁者に料金を課して村びとと差をつけた。こうした地元優先のやり方は地域エゴイズム（利己主義）ともみえるが、どうだろう。

むらは農家の拠り所

毎年行われる溜池や井手の管理、道普請などの村仕事は農家の利益を共同してまもるためにはじまった。

歴史をかえりみると、農業は家を単位として営まれ、ある意味では孤立している。とはいえ上山のようにひとつの溜池でもって灌漑する場合、おのずとむら全体で取り組み、協働する色合いがこい。

中世の惣は灌漑を中心に運営されたと考えられ、その役割をクローズアップする。江戸時代になるとむらは共同作業の発企人にとどまらず、過重な年貢や夫役にたいする防波堤の役目をはたしたことが知られている。その結果、むらは農家の利益をまもる拠り所としてゆるぎない存在となった。

村仕事は人と人との結びつきをふかくし、祭りやフナ獲りなどのイベントは百姓を日常から解き放つ。また地元優先の仕来りはむらの一員であることを、あらためて自覚させたことだろう。こうした事柄は一人ひとりの胸に収めるだけでなく郷土への誇りをよびさまし、結束を一段と強靭にしたと思われる。

9章　八伏地域の人びと

一、一九二〇年代以降の暮らし

用水路の開通が転機

上山地区は八つのブロックに分かれ、そのひとつが八伏《はちぶせ》である。場所は上山を南北に流れる奥谷川の東側に位置しており、川沿いには棚田がひらけ山沿いの斜面には田畑と人家が点在する。そのうち上半分の地域はかつて水利がわるく畑が主であったから、水田にたいする思い入れがつよかった。

一九二〇年代にひとつの転機が訪れる。上山から選出した河会村長および村議、上山区長の三者が奥谷川の上流に集まり、対岸で火を燃やして井手の位置を定めたという（この情景は不思議なくらい古老三人の話が符合していた）。これが八伏へ通じる井手の始まりであろう。井手の開通に合わせて畑を水田へ切り換えるケースが多く、田地の少ない農家へまたとない贈り物となった。この間ゴノカミでは、整地不足の新田から水もれ事故がおこるというハプニングも生じている。何はともあれ八伏地域で田地はふえ、三〇年代の初めに七町歩を上回っていた。

写真 9—1　奥谷川対岸より望む八伏地域（2002年撮影）

八伏はかつて上山の中心となっていたが、小学校の移転後しだいに活気を失った。現在の名称「八伏」は、太平洋戦争がはじまるころ行政の指示にもとづいてゴノカミ、八伏、薮田といった小集落を一括し、上山区の下部組織として名づけたことにはじまる。

以下、いまは亡き姉、五女の貞女（一九二五〜二〇〇四年）と四女の歌子（一九二三〜二〇〇九年）、からの聞き取りで肉づけしながら、わたしの記憶をもとに三〇年代の八伏の人びとをえがきたい。

池を造り、花を愛でる

門《かど》（庭）の隅に池を造って鯉を放し、屋敷のなかを草木の花々で彩るようになったのは一九二〇年代のことであろうか。

ふり返ると、八伏十二軒のうち五軒に池があり、その広さは二、三坪から五、六坪まで大小さまざまであり、空地に合わせて自在な形をとっていた。それらの家では申し合わせたように池で野菜や食器を洗い、数十センチ大の緋鯉と真鯉を放っていた。池造りは、水不足をかこっていた農家が大芦池の水を引くことができた、その記念の証なのだろう。やがて三〇年代の半ばをすぎると水が枯れたり、魚影を見かけなくなるなど手入れが行き届かなくなるのだが——。

植樹も盛んに行われ、家ごとに思い思いの木をえらんでいた。一番多かったのは柿と梅をはじめとする果樹であり、花木では桜やつつじ、そのほか木蓮や金木犀などが地味なむらの風景をあでやかに引き立てた。門先がひろく経済的にゆとりのある家には五葉松、アスナロウなど当時としては珍しい木も植わっていた。

草花が普及したのは植樹と同じ時代であったのか、それとも少し後のことであったかもしれない。どの家でも門の片隅に花壇を設け、ケイトウやホウセンカを植えていた。元もと籾や豆がらを乾かす作業場である門を、一部とはいえ花をつくるために割いたのである。

貧富を問わずすべての家が草花を植え、果樹や花木を育てて楽しんでいた。世間の風習がこの地におよんだのか、いみじくも柳田国男の『明治大正史—世相篇—』にえがかれた風景とかさなる。上山の庭造りは、都市ふうのみやびとは縁遠かったが、田舎なりの自然を愛でる気持ちがこもっていた。よき時代を象徴するひとコマといえよう。しかしそれは長続きせず、やがてきびしい時代が訪れる。

米作りでは高がしれている

八伏の多くの家は米作りを生業の柱としていたが、耕す田んぼはかぎられていた。一戸あたりの耕作反別は平均すると六、七反だが、持ち田となると事情は大きく異なる。全体の約七町歩のうち、五町歩を不在地主と三軒の自作農で占めていた。不在地主は地元出身の医学博士・永井恒である。

自作農といえば米作りだけで暮らしているようにみえるが、一町歩未満の規模だと収穫量は高がしれている。三〇年代の初めまでは養蚕との兼業によって収入が安定していたが、廃業を余儀なくされるとたちまち深刻な事態におそわれた。

桑園を掘り起こして畑にもどすものの、転換する主作物をえらぶのは容易でなく麦、葉たばこ、大豆、さつまいもなどの栽培を試みる（いずれの収益も養蚕とは比べものにならぬほど低かった）。畑作のほか、山持ちは山林経営や山仕事に力をそそぎ、それぞれの家で手探りの状態がつづいた。

自小作農の持ち田は平均すると二、三反であったから、賃仕事に生活の資をもとめるのは自然の成行きであった。他家の農作業を手伝い、山へはいって炭焼きをしたり木出しにたずさわった。そのほか、先祖代々山に親しんで暮らす土地柄のせいか、大工をはじめ木材関係の仕事をする者もいたが、すでに影がうすくなっていた。

良くなる戦時下の暮らし

ところが、日中戦争が拡大する三〇年代後半になると風向きが変わってくる。二所帯が夜逃げ同然でむらを出てゆき、瀬戸内海沿いの軍需用れんが工場に住込みではたらく。かれらはわずかな小作と日雇で日々をすごしていたうえ、子どもがいなかったので容易に離村できたのだろう。それは本格化する戦時体制へ向かう予兆であった。

景気が良くなるにつれて、苦労する割に実入りの少ない百姓仕事がうとまれ、働き手は現金収入を得られる賃仕事へ流れていった。耕作規模の小さい家ほどその傾向が目立っている。稼いだ収入は消費へまわすよりも、農家の財産である土地の購入にあてたようだ。小作をしている何軒かは田地を買い、そのうちの一軒が山林を入手している。

太平洋戦争がはじまってからむらの所得格差はちぢまり、古くからの秩序はゆらいだ。

二、農家点描

故郷の田を買う医学博士

上山の出世頭のひとりが永井恒《ひさし》である。一八七六（明治九）年、永井家の長男として八伏に生まれる。後年、地元で活躍する小林好太、節太郎より二、三歳下の同世代である。医師を志して苦学し、ついに医学博士となる。大阪で開業していたが、のち岡山県へ帰り津山市役所正面の一等地に永井医院の看板をかかげた。敗戦後まもない一九四六（昭和二一）年死去。

むらを離れ都市で成功した恒は、夫人同伴でときどき（年に一、二回か）上山へ帰ってきた。そのたびごとに、当時田舎では珍しかったバナナを手土産にわが家を訪れ、父・茂と酒を酌み交わしていた、と姉・歌子は小学生のころの思い出を語っている。一九三〇年ごろのことだ。恒は養蚕に成功した七歳下の茂と話を合わせながら、田地の買入れにさいして二人の競り合いをさけたいとの思惑を秘めていたかもしれない。茂が「川下の田ばかり買う」と当時不思議がられていた事情を考え合わせると、あながち深読みとも言いきれまい。

生家を継がせた弟に小作地の管理を委ね、恒は田地の買い足しに意欲的だった。しかし、新田開発が限界に達しているうえ、農家はよくよく困らないかぎり田畑を手放そうとしないので、二町歩台の田地へ一町歩を上積みするのに二十年以上をついやしている。しかもかれの所有地は、上山の「耕地台帳」（昭和九年）によると耕作者（小作人）が十七人と多く、上山各地に分散している。その状況は購入が容易でなかったことを物語る。ともあれ、かれは上山での数少ない地主となったのである。

恒は医師として功成り名遂げたにもかかわらず、なぜ上山の小さな棚田に執着したのだろうか、利殖を追うならほかにいくらでも方法はあったはずだ。代々庄屋をつとめた岡の高原家が短期間に大地主となり、蕩尽するのも速かったのにくらべ、かれは地道に田地を買いつづけた。永井恒には田んぼに執着する生粋の百姓の血が流れていたのか。

また、上山から出た出世組が押しなべてむらとの縁を絶っているのにたいし、かれは死後に至っても異色の存在であった。生家の裏山の墓地を訪ねるとささやかな恒の石塔が建っており、故郷へよせる熱い想いが伝わってくる。しかし聞くところによると、本人のねがいにもかかわらず上山に埋葬することを家族が肯んじなかったので、歳月をへたのちようやく実現したのだという。

養蚕廃れ田んぼを売る

一九一〇年代から二〇年代へかけて、つまり明治末期以後、大正といわれる時代に小林茂は養蚕の世界を駆けぬけた。若くして農事試験所蚕業部の講習をうけて帰郷、養蚕を営むとともに蚕種を販売しながら普及につとめる。時勢にも恵まれて上山のまゆ出荷量は飛躍的に伸び、かれはむら一番の金回りのよい男と評された。ところが三〇年代になるとまゆ価の暴落にくわえ、大手紡績会社系の業者に蚕種の購入農家をうばわれて人一倍深刻な打撃をこうむった。

かれは一町四反の田地をもち、作男をやとってその半分の田をつくっていた。しかし三〇年代後半からは人をやとう余裕もなく、慣れない手付きで百姓仕事にたずさわり、かろうじて耕作する有様だった。一方、養蚕に代わる生業として栗の植樹、葉たばこの生産、そして兎の飼育などあれこれと試行錯誤をかさねる。兎の毛皮は満州の日本軍兵士の防寒衣に用いられており、先行き伸びると見込んだ茂は兎小屋を設け五、六十羽を飼っていた。幼いわたしは、青草やれんげを摘んできて兎にあたえ、たわむれて時をすごした。また、父が兎を次つぎに屠って皮をはいでゆく場所に、わたしはなぜか釘づけとなり、目を背けたくなるのをこらえていた。

四〇年代になると、茂は兎を飼うことを止めている。そのころから近所の家が少しずつ楽になるのにくらべ、わが家は貧しくなる一方だった。「お父さんがまた、田を売った」と声を押し殺してなげく、家族のなかで一番上の姉・能江のことばが脳裡にうかぶ。かれはついに養蚕廃業の痛手から立ち直れず、自作の七反をのこして田地を売り払い半減させた。そのことをわたしが知ったのは数十年後のことである。

手間大工の暮らし

八伏地域には木工関係の職人が何人か住んでいた。大工のCさんは三〇年ごろに商売のしやすい平地へ移住したが、それでも手間大工と呼ばれるJさんがいた。Dさんの年老いた父親は木こりとも見習大工ともいわれるが、はっきりしない。また下駄屋も商いをしていた。木工関係者のなかにはコビキ（小曳）と名乗る家が二軒あり、先祖が「木挽」であったのかもしれない。

大工のJさんは子方として親方についてあちこちの建築現場をまわり、自宅にはめったに帰ってこなかった。収入にはあまり恵まれないのかつましく暮らしていた。わずかな田地と二、三枚の畑をつくっており、Jさんが留守のあいだはおばさんが一人ではたらいていた。畑にはほとんど野菜がなく、麦ばかりが作付けされていた。麦は主食として米を節約し、あるいは売って現金収入をもたらすから優先したのであろう。

家は小さな造りで、母屋にはいると正面にかまどと板張りの台所があり、左手に二畳と六畳の二間《ふたま》があった。ひとつ年下の友だちがおり、小学生のわたしは昼飯をごちそうになったことがある。炊きこんだ麦の多さもさることながら、ふつうしょう油味である野菜の煮物がみそ仕立てになっているのに驚いた。後年、お金をだして買うしょう油の代りに、自家製のみそをつかうのだと姉から教わった。

日本酒の量り売り

集落のなかで変り種は、日本酒を売るPさんの家だ。商いといっても店をかまえるわけでなく、離れ座敷の片隅に一升びんを三、四本ならべているだけ。その脇においた一合ますでもって、ときに訪れる客にたいして量り売りをしたのである。

酒以外の商品はおかず、まことにこじんまりとした商いであった。それでも田畑の少ないPさんの家では、家計をたすけるための欠かせない生業であったのだろう。

上山には独立した店、いわゆる商店はない代りに、副業ないしささやかな食い扶持をかせぐための商いが行われていた。Pさんの商売より少し先立つ時代、小林好太村長の家の近くには酒や半紙を扱う家があった。農業をしない神主の家がたばこの販売をしていた時期がある。また、上山小学校前に駄菓子を売る老人が住んでいたり、村祭りその他の催しでこれまた駄菓子を売る人が記憶されている。細ぼそとした営みはつづいていた。

満蒙開拓青少年義勇軍

ツネちゃんが満州へ向けて出発したのは、四〇年代にはいったばかりのころであった。

かれは四人きょうだいの次男で、どちらかといえばおとなしくて目立たない少年であった。そのせいか、わたしにとって近くに住む五歳年上の兄貴分というのに印象がうすかった。ただひとつ小学一年の夏、水浴びにいった小川で溺れたとき、一番年長のかれがすぐに助け出し、水を吐かせてくれたことを忘れられない。そのときは無口なツネちゃんなりに何か言ったはずだが、思い出せない。

満州行きの話がもちあがるのは、ツネちゃんが高等科二年、四二（昭和一七）年のことだった。戦争がはげしくなるにつれて、日本がつくった植民地国家満州への移民が推奨され、数え年十六歳から十九歳までの満蒙開拓青少年義勇軍が毎年送りだされている。わたしは『少年倶楽部』や『家の光』で義勇軍の記事を読み、おおよそのことは知っていた。しかし、雑誌に載るような遠い世界の出来ごとがある日突然、身近なツネちゃんをおそい、上山校区のなかでただ一人満州へ行くというのは何とも居心地の悪い話だった。出発にあたっては、出征兵士と同じように、神社で歓送会が行われたように思う。

茨城県の内原訓練所で三か月間訓練をうけたのち満州へ渡るが、その後の消息を耳にしたかどうか。敗戦の年、四五年に訃報がもたらされたとき、食べ物にこと欠くうえ経験したことのない酷寒に耐えられなかったのだろう、とわが家で姉たちは話していた。その間、川で助けてくれたお礼を言いそびれていたことに、わたしはこだわっていた。

ツネちゃん（天藤恒治）は次男であったから家を継ぐことはできず、といって将来婿入り先を見つけるのも容易ではない。だから、満州へ行けばひろい土地がもらえるという学校の先生のことばにしたがったのか。さらに三〇年代から破産状態に陥っていた家庭の状況を察して渡りに舟と考えたのか、その間の事情は知る由もない。没後まもなく、跡取りでないにもかかわらず、生家の墓地に戦没兵士並の立派な石塔が建てられた。

つけたし。八伏にはもう一人、国策の犠牲になった若い兵士がいる。広島で原爆に遇い、むらに帰ってきたものの秋をまたずあの世へ旅立った、ヨッちゃんこと、永井義晶である。

夜逃げのてん末

三〇年代の半ば過ぎのこと、Hさんの家は雨戸が閉まったままだった。近所の人は不審に思ったが、ほどなく瀬戸内海近くの煉瓦工場ではたらいていることが分かった。景気がよくなり工場が人手を求める時代になったのである。

二反ばかりの小作と日雇で暮らしていたHさんがむらを出たのは、秋になって小作料が払えなかったのか、工場の条件がよかったのか、あるいは両方の理由であったのか。ふとんと身の回り品を背負い、人目につかぬ夜明けに隣村の小さな駅まであるいて行った。地主以外にも借金先があったかもしれないが、だれ一人として移住先まで取立てに行くような真似はしなかった。それまでも夜逃げをして工場へ行ったり、山越えをして隣の集落へ住みつく者がいた。しかし、むらを出たら不問に付すのが慣わしだったから、借金はすべて棒引きになっている。

戦争が終りに近づいたころ、Hさん夫婦は突然帰ってきた。夜逃げはもちろん、帰郷を事前に知らなかった近所の人たちであるが、何ごともなかったかのように二人をむかえいれた。その光景は、夜間ひそかによその田から水を引くずるさと、葬式にさいしての助け合いとが同居するむらの状況を映し出していた。

一人ひとりが生業の異なる都会とちがって、日々顔をつき合わせて暮らすむらではおのずから間合いをはかり、都合のわるい話を伏せながら寛容な態度でもって近所の人と接する。懐の深さというべきか。むらの暮らしは、そうした付合いの作法で成り立っているのかと思う。

道草を食む牛

Iさんの家は下駄屋だった。新しく下駄をつくることはほとんどなく、ちびたり欠けたりした下駄の歯をさしかえ、傷んだ鼻緒をとりかえるのが主な仕事である。当時、下駄は修理をくりかえし、何年もはくのがふつうだったから、そのような商いが何とか成り立ったのであろう。作業場は母屋から少し離れてたつ一坪ばかりの小屋で、おじいさんがいつも背を丸めて仕事をしていた。戦時体制がすすむと動きのにぶい下駄ばきは敬遠され、修理の注文もとだえがちだった。農業は一反ばかりの自作のほかに小作をしていたが、食い扶持を確保するのは容易ではなかったはずだ。

日中戦争の初期に除隊したIさんは、父親がやってきた下駄屋を見限る。かれはだれはばかることなく思いきったことを口にする、開けっ広げで大胆な性格だった。近所の子どもを前にして性的な話を得々としゃべったりもした。かれはみみっちい家業を継がず、むらでの賃仕事で稼ごうと決意する。田起こしや木出しに出るには牛を飼わねばならない（こうした作業は牛の力を必要とする）。だがIさんの家は田畑が少なく、飼料となる青草を畔や岸から採集することができない。そこで窮余の一策として思いついたのであろうか、夕方ともなると牛を連れてあるくIさんの姿が見受けられるようになった。だれの土地でもない道の両側にはびっしりと草が生えており、牛はなめるように食んで行くのである。

仕事先をふやしながら、Iさんは嫁さんともどもがむしゃらにはたらいて、大戦末期には四反をこえる田地を手に入れており、下駄屋から脱け出ることに成功した。

主婦の出稼ぎ

家事の電化や農業の機械化がまだ行われていない大戦前に、農家の主婦は多忙をきわめていた。育児、食事の支度、洗濯にくわえて農作業も一人前にこなすことを求められ、なかでも田植えどきは引く手あまただった。男ははこんできた苗の束を田んぼのなかに投げ込み、女たちは手伝いの人をふくめ横一列に並んで植えてゆく。自分の家の田植えが終わると、同じ規模の家同士で助け合う「手間返し」、仕事のおくれた家を支援する「テゴ」へ出かけるわけだから、女たちは休む暇もない。

八伏地域には他村から嫁いできた若い嫁さんが三人そろっていた。朝早くから夜おそくまで骨惜しみをせずはたらくので、「いい嫁だ」という定評があった。その反面、「離縁されたら実家へも帰れないから、無理をしている」とうがった見方を後年きいたことがある。関連して思い出すのは、生家の庭の片隅に小さな丸い葉っぱをつけた灌木があり、ヨメノサラと呼んでいた。幼いわたしはその意味を理解できなかったが、嫁いびりの風習を樹名にかこつけていたのだろう（当時、そうした差別はもう行われていなかったが）。ことほどさように若い嫁さんを取り巻く環境はきびしかった。

三人のうち、FとIの嫁さんは自分の家の仕事もそこそこに毎年よその田植えに雇われる（のこる一人は、過労がもとで何か月間も病床についてからは無理が利かなくなった）。そして上山で仕事が一段落すると、田植えの時期がおそい県南地方へ数日間泊りこみで出かけている。それからおよそ三十年後、高度成長期をむかえて暮らしがかなり豊かになったのちも、二人は出稼ぎをつづけていた。

大家族の強み

昔の農家ではめぼしい機械といえば足踏みで回転させる脱穀機、手回しで風をおこすトウミなどである。例外は発動機を動力源とし、籾殻をはがして玄米をとりだす籾摺機であったが、これは集落の共有財産となっており、収穫期には屈強な男たちが棒でかつぎ家から家へはこんだ。人力にたよるところが多い農作業では力持ちが重宝がられ、男は米一俵（六〇キログラム）をかついで一人前だとされていた。

農家は夫婦二人が中心となってはたらき、これを家族が手伝っていた。Kさんの場合、次男と三男の二人の弟が同居していて家業をたすけた。この大家族が威力を発揮したのが「合わせ田」造りで、山際にひろがる小さな棚田数枚を掘りくずし、石垣をきずいて一反ばかりの水田を仕上げている。上山ではめったに見られない広さをもつ、作業効率のよい田が生まれたのだ。それは夫婦だけの農家では到底手出しができる工事ではなかった。

自作農であり山持ちであったKさんは、過剰労働力が社会問題となった時代に、次三男を遊ばせることなく農作業や山仕事に従事させた。家族全員がそれぞれの務めをはたしたおかげで、Kさんは三〇年代後半に八伏でもっとも裕福な家となった。

働き者はラジオを買った

働き手がそろった農家といえば、頑健な若い夫婦と達者な父親がいるFさんの家もあげねばならない。五反の田地をもつほか小作もしているが、人手に余裕をのこしていた。田植え時には自分の仕事を棚上げするかのように夫婦そろって近くの農家へ手伝い（賃仕事）に出かけている。農繁期をすぎると、Fさんは百姓仕事を家族にまかせてどこかへ働きに行き、いい稼ぎをしていると噂されていた。

ある日突然、Fさんの家の方角から谷川の両岸に大音声が鳴りひびいた。何ごとかと耳をすますと、勇ましい戦局ニュースや浪花節などである。それから何日かたち、Fさんの家でラジオを買ったことが近所中に知れわたった。アメリカとの戦争がはじまる後か先か定かでないが、当時、ラジオはまだ一般農家に普及しておらず、わずかに月給取りの家が備えているていどであり、分限者でないFさんがいち早く「高級」なラジオを買ったことは驚きだった。

しかし、Fさんが懸命にはたらいたのは、ラジオを買うためではなかった。実は、それに先立って小作田を買い取り、また薪の採集その他に欠かせない山林を手に入れていた。農家として安定をはかる手堅いやり方は、前述のIさんと共通している。

表 9—1（つづき）

明治初期の家名	昭和初期の生業（1930 年）	農地改革後の田地（1951 年）	2006 年後継者
L	（株継ぎ？）L_1　自作 6 畝 小作、日雇 のち県南工場へ出稼ぎ	L_2　2 反 6 畝	— 新住民
O	O_1　小作、他部落へ移住	—	
P	（株継ぎ）P_1　自作 α、小作 酒販売	P_2　2 反 2 畝 + α	P_3
Q	（不明）	—	
計	自作分　4 町 2 反 9 畝 + α 不在地主分 2 町 5 反	6 町 4 反 9 畝	

注 1. 明治初期の家名は、1871 年の「上山村絵図」による。以下、家名の A、A_1、A_2、…は祖父、父、子とつづく血筋を表し、B_{I}、B_{II} などの時計数字は兄弟その他の姻戚関係を示す。

2. 1930 年および 51 年の水田面積は、「上山区費徴収簿」から推計し、生業の内容は聞き取りによった。（したがって本表は、区から水費を徴収されない水田をふくまない。）

表 9－1　八伏地域における生業と田地

明治初期の家名	昭和初期の生業（1930 年）	農地改革後の田地（1951 年）	2006 年後継者
A	A_1　自作 7 反 8 畝＋α 養蚕、山林あり、炭焼き	A_2　8 反 1 畝＋α	A_3
B	B_I　不在地主 2 町 5 反 B_{II1}　自作 1 反 5 畝、小作、日雇	— B_{II1}　6 反 1 畝	 B_{II2}
C	C_I　自作？　大工、他村へ移住 C_{II}　自作 2 反 5 畝	 転入者 R　4 反 3 畝	 —
D	D_1　自作 2 反、小作 養蚕、木挽き？	D_2　5 反 7 畝	D_2
E	E_1　小作、日雇 のち県南工場へ出稼ぎ	E_1　2 反	—
F	F_1　自作 5 反 1 畝、小作 木出し、運搬、養蚕	F_2　5 反 9 畝	—
—	G　（小屋住いの老人）	—	
H	H_1　自作 1 町 1 反 3 畝（一部外作） 養蚕・蚕種販売、山林あり	H_1　7 反 9 畝	H_3
I	I_1　（株継ぎ）自作 1 反 3 畝 小作、下駄修理、木出し	I_2　7 反 1 畝	I_3 転出 新住民
J	J_1　自作 2 反 6 畝、小作 大工	J_1　6 反 1 畝	—
K	K_1　自作 6 反 6 畝＋α 養蚕、山持ち、炭焼き	K_2　6 反 9 畝＋α	K_3

三、民間信仰とご先祖さま

地元の神々

八伏には昔から伝わる、いくつかの民間信仰があった。荒神様、愛宕様、そして地域や一族の先祖神などである。上山のすべての集落を合わせるとこうした神々が三十体をこえ、多いのが山の神、荒神様、愛宕様である（『英田町の地区誌』）。集落ごとに同じ神を祀るのは、別々の時代に、あるいは異なる状況で集落が生まれたことを物語るのだろうか。

【荒神様】集落の外れで山と竹藪の接するところ、斜面となった山肌に木の祠と二、三体の石仏が並んでいた。その前に八畳敷きくらいの建物が建っており、年一回、集落の全員が集まって御神酒をそなえて拝んだあと、板の間にすわって酒食をともにした。

【愛宕様】八伏から渕尾へ通じる峠道の山頂近くにすえられた小祠で、防火、火除けの神だという。夏のころ男たちが祠の周りの灌木を伐り払い小さな広場を掃除する。御神酒をそなえたあと、かれらは車座になってご相伴にあずかりながら雑談に花を咲かせる。大人たちについて行ったわたしの目には、山中の酒盛りがお伽話の世界のようであり、印象的だった。

【国司様】かぎられた地域の先祖神であろうか、八伏の一部と隣の鍛冶平の人たちが共同で祀る。

【権現様】中世の渋谷一族を埋葬した墓地が転じて神となった。こわれかけた五輪塔を保存しており、祭主はゴノカミの四、五軒。

そのほか、堂の坂と呼ばれる急坂の中間地点に一メートル四方くらいのお堂があった。土壁は崩れかけており、当時すでに詣でる人はいなかった。また、個人の宅地にある屋敷神、道ばたのお地蔵様などむらのあちこちに神仏が点在していた。

荒神様にみる自然観

地域で祀る伝承の神々は、その正体が今いちはっきりしないことが多い。かつてわたしが荒神様について姉にたずねたところ「火の神、かまどの神というが確かなことは分からない」とのことだった。民俗学の辞典をひらくと、荒神は「祟りやすい荒ぶる性格とともに祭祀者を庇護する強い力を持つ神」とある。関係する分野が多岐にわたるうえ、地域ごとに変種があって荒神の性格は単純ではないという。学問的な定義はさておくことにして、姉のことばに即して荒神様のことを考えてみる。

かまどに燃える火は日々煮炊きをし食文化を支える一方、家火事や山火事は一家やむらの暮らしに壊滅的な災害をもたらす。したがって、荒神様の祀りとは火の恩恵へ感謝をささげるとともに、災厄をまぬがれたいと祈る儀式である。昔の人は、火の在るがままの姿を的確に読みとって、そのプラスとマイナスの面を見事に言い当てており、そこには自然を慈しみ怖れる思いがこめられている。学校では教えない、生活の知恵といえよう。

寄合いを兼ねる御大師講

弘法大師空海がお隣の香川県出身という事情もくわわって、上山では空海にたいしてとりわけふかい崇敬の念をいだいている。この高僧にちなんだ御大師講は集落ごとにもたれており、八伏も例外ではなかった。

御大師講はメンバーの家を持ち回りで、毎月一回定期的にひらかれた。儀式は参加者がお経を読みあげて、こころの雑念をはらったあと食事の席につく。それは祈念の場であるとともに、地域の寄合いでもあった。農家はそれぞれが独立して生計をたてており、意外と隣人を知らない面がある。それだけに集まって酒食をともにし語り合うことで絆を確かめ合うことができた。話題は農作物の育ち具合やむらの出来ごとにおよび、またたわいのない雑談が労働のきびしさを忘れさせた。

この行事は太平洋戦争中に中断したのち、五〇年代に復活する。当番になった家の負担をへらすため酒食に代えて茶菓を提供するようにあらためている。また、積立てをして大師ゆかりの小豆島八十八か所巡りに出かけているが、それは戦前に行われていた行事の再開だろうか。現在は高齢化がすすみ、八伏をはじめ多くの集落で中止している。

御大師講や民俗的な神々の祀りは、上山全体で行う秋祭りや盆踊りなどにくらべると規模は小さく地味である。しかし反面、人と人、家と家をつなぎ暮らしの潤滑油となった。三〇年代は貧しかったが人びとの交流はたえず、屈託のない会話がくりひろげられていた。

葬式とお盆

地域でいちばん人が集まるのは葬式である。

集落の人たちは遺族へのお悔みもそこそこに、男女それぞれが役割を分担し、葬式の準備にとりかかる。男たちは参加者の受付、葬儀の小道具の製作、墓穴掘りなど外回りの仕事をうけもつ。女たちは料理をつくり食器をそろえて、葬式が一段落した後に遺族らへふるまう食事を用意する。日常をこえた大がかりな行事だが、古くからの仕来りを年配者にたずね、分からないことは話し合ってスムーズに処理する。こうして助け合いの気持ちを育みながら、そのやり方をつぎの世代へ申し送ってきた。葬式には集落の全員が集まり、交流をふかめる場ともなってきた。

ご先祖さまと呼ばれる祖先の霊を供養するのが、お盆や彼岸の仏事である。農家はお盆の期間に農作業を休み、祭壇をしつらえ提灯をともして仏さまをむかえる。花をかざり食べ物をそなえて、家族が今日あることを先祖に感謝し冥福を祈ったのである。

「ご先祖さま」は生きている

およそ十数年前、掛井手掃除（溜池集水路の補修作業）をめぐる話である。米作りをやめる家がふえ池水の使用量がへってきたので、区民全戸が参加する定例作業を中止したら、との声があがった。時の区長代理・高藪与右さんは「ご先祖さまが苦労して造った井手だから、もう少しつづけたらどうでしょうか」と訴えた。提案は受け入れられ、作業は引きつづき行われている。

つぎに私事で恐縮だが、義兄・光雄は病にたおれ耕作放棄を余儀なくされたとき、「ご先祖さまに申し訳ない」と苦渋の面持ちで語っている。二人がともに真情をこめて「ご先祖さま」と呼ぶのは、わたしにとって思いもかけないことであった。

こうした発言には、先祖が溜池と井手を造り水田を拓いてきた営みのうえに、今日の自分たちの暮らしがあるとの思いがこめられている。そして、田んぼをかけがえのない財産とみなすのは、永井恒や小林好太らの恵まれた層から零細農家に至るまで共通していた。

水田にたいする執心と愛着は祖霊信仰とむすびつき、大戦前に育った人にはご先祖さまということばを口にする人が多い。

10章　論語を読む百姓　思想がもたらしたもの

幕末以後、農業を主な生業とする山あいのむら上山に、二人の外来の文化人が足跡を印した。国学者で歌人の平賀元義と漢学者の教育家大沢吉十郎である。この地に関わりのあった期間は異なるが、かれらの存在は対照的な二つの底流をかたちづくり、二〇世紀につながっている。以下、その流れを追ってみたい。

一、平賀元義と上山神社

国学と廃仏毀釈

江戸時代の文人、学者が旧家、豪農の支援のもとに全国を周遊して各地の生活や伝承を記録し、あるいは和歌や俳句をのこした。このパターンは国学を修め、万葉調の和歌に長けた平賀元義（一八〇〇～六五年）の場合にも通じる。かれは一九世紀の半ばに上山を訪れて庄屋高原四郎兵衛の宅へ泊まり、歌を詠んでいる。

上山は山風寒しちちのみの　父の命の足冷ゆらむか

元義と上山の関係に先立って、簡単に社会的背景にふれておきたい。かれが信奉した国学は古事記、日本書紀、万葉集などの古典研究をとおして、日本固有の文化と精神を明らかにしようとする学問であった。しかし幕末に平田篤胤が復古的な神道に傾倒し、討幕運動とむすんで尊皇攘夷、廃仏毀釈をかかげて、いちじるしくイデオロギー色をつよめる。廃仏毀釈とは広辞苑によると、「仏法を廃し釈尊の教えを棄却すること。慶応四年（一八六八）三月神仏分離令が出され、これに伴って神社と仏寺との間に争いが起り、さらに寺院・仏具・経文などの破壊運動が起った」とある。

元義門弟の実力行使

平賀元義は国学を弘めるため備前、美作の各地を回って神主を中心に医師、豪農のあいだに支持者をひろげ、一八五七（安政四）年に上山からほど遠からぬ飯岡の地に楯之舎塾をひらいた。門弟には上山から参加した高原四郎兵衛、赤木盛常らの名前がみえるが、塾の経営は一年余りでゆきづまり閉鎖を余儀なくされる。

上山神社の神主・赤木若狭盛常（一八三七？〜七三年）は、十九歳でもって平賀元義の門をたたき、側近として師事する。元義の没後三年目、明治新政府が成立した年に、かれは門下生と語らって京都御所護衛のために上京した。その目的からして武器を携えた集団であろう。さらに同年、美作地方の同志十余名とともに比叡山日吉神社へおもむき仏像を破壊する。その行為は「天下の耳目を聳動」させた。このときの心境を盛常は和歌に託している。「日吉神社除仏を終へて　比叡の山塵は流れて夕立の跡すがすがし神の広前」（以上『英田町史』『英田郡誌』による）。盛常は国学のイデオロギーを継承した、神仏分離―廃仏毀釈の忠実な実践者であった。

こうした動きがある一方、むらのなかで神と仏はどう扱われていたか。時代はくだるがわたしの記憶する一九三〇年代には、どの家にも台所の神様をはじめ複数の神棚と仏壇とが設けられ、正月と盆などには燈明をあげてお供えをするのが慣わしであった。神と仏はいっしょに在るものと子ども心に思っていた。暮らしにむすびついた神々と上山神社に祀られる高貴な神とは、同じ神様でも中身はまったく別物であったと、おとなになってから思い至る。

妙徳寺の火災

上山妙徳寺の本堂は、一九一七（大正六）年あるいは二〇年に再建されたが、それまでは建物がないまま放置されていたらしい。上山の九割を占める真言宗徒のこころの拠り所ともいうべき本堂が存在しなかったのはなぜなのか。その謎をとく手がかりが、つぎの文章にかくされている。

神仏混淆時代には、神主赤木家・社家井上家・山伏藤原家及び妙徳寺の四者で祭典を行ったが、明治元（一八六八）年の神仏分離により、仏像・仏具はすべて妙徳寺・願光寺に引き渡され、なお、当時の混乱のため、多くの古文書・記録類・宝物等が紛失焼滅したようである。

赤木美作守『上山風土記』

この文章を世情と関連させて読めば、神仏分離にはじまる「混乱」とは廃仏毀釈の実力行使を意味し、それによって寺が所蔵する古文書、記録類、宝物などが「焼滅」した、と解釈するのがふつうであろう。焼失したなかには4章でふれた過去帳がふくまれており、本堂もまたその時点で焼け落ちたにちがいない。

妙徳寺は明治初めの村絵図によると、妙見山頂に近い人里離れた場所にかたまる四軒のなかの一郭であった。このような辺鄙な地に災害をもたらしたのは行きずりの人物ではなく、土地勘をもつ者の仕業と考えてもよいだろう。そこで、明治初期に上山神社の神主であった赤木若狭盛常がクローズ・アップされる。

盛常は前述のとおり、京都御所の警固にくわわり、また比叡山で仏像をこわし廃仏毀釈の先鞭をつけたとされる。一方、妙徳寺は盛常の地元であり、そこでの事件は叡山襲撃と同じ年に、しかも廃仏毀釈という同じ目的をもって引きおこされた。これだけ叡山と妙徳寺の事件とのあいだに共通項がある以上、偶然の出来ごととは言いにくい。仏教と対立する、血気にはやった過激派によって放火された可能性を否めないのである。

ただし、状況証拠はそろっていても確証はなく、唯一の記録である美作守の一文は残念ながら歯切れがわるい。それというのも、神仏分離と祖父・盛常の言行がもつ、ことの重大さを認識していたから、あえて微妙な表現をえらんだのであろうか。

【付記】本堂の再建は、神道に入信していた高原四郎兵衛の没後、上山区長にえらばれた小林好太らの手によって行われた。その後、一九九九（平成一一）年には、寺総代が中心となって寄付金をつのり老朽化した本堂を改築した。伝統をうけついだ自力の事業である。

上山神社の由緒書

上山の祭事は神仏分離令以後分割され、上山神社は妙徳寺から独立して本来の役割を受けもつことになった。分離後神社の経営は苦しく、神主の赤木家は辛酸をなめたと伝えられる。

大正期（一九一三年〜）にはいってから盛常の孫・赤木総雄《ふさお》（一八九四〜一九八一年）の為事はめざましかった。教員資格をとって英田郡内の各小学校を歴任し、また備前各地の神社で宮司をつとめて教育界および神職のあいだに人脈をきずき、地域の「名士」になる。また、教員であった夫人と共働きをして三〇年代初めに自宅を新築する。それまでの簡素な平屋に替えて、上山で最初の白壁造り瓦葺きの二階家を建てる。家貧しくて孝子あらわる、の典型といえよう。

その一方、総雄は祖父の志をついで少年時代から国学に親しみ、上山神社を守り立てようとした。多忙な日課の合い間をぬって古事記、日本書紀その他の古典を読んだ形跡があり、その知識をもとにして上山神社の由緒書を次つぎに作成する。これを関係方面へひろく配布し、その内容の一部は数年後に『英田郡史考』に採録された。総雄が作成した由緒書にはつぎの三点がある。

①「神社取調書」＝一九一三（大正二）年以降に執筆、筆者は二十歳前後。罫紙三枚。

②「村社上山神社由緒」＝表紙に「永久保存」「大正七年二月二十七日進達」の書込みあり。謄写

印刷、半紙十枚。

③「上山神社由緒沿革」＝昭和後期に旧稿をあつめて編集し、『英田町史第四集　史料集』に収録。

つぎに、由緒書作成の背景にふれておこう。右三点のうち②は、政府の神社振興策に沿ってまとめられたものである。すなわちこの由緒書は、「皇室ノ御崇敬アリシ神社」にたいし「神饌幣帛ヲ供進スル」との勅令にもとづき、岡山県知事名で届出をするようにとの通達が出されたことにはじまる。平たくいえば、皇室や武将と関わりのふかい神社へ補助金を出すので、届出をするようにというわけだろう。これを受けて赤木総雄が作成したのが、表紙に「明治三十九年四月勅令第九十六号ニ依ル取調」と冠した「村社上山神社由緒」である。その内容に皇室色がつよいのは成立過程からみて肯けるが、村社のレベルでありながら二人の天皇と一人の皇后を祭神としていただく神社は全国的にみても珍しいのではあるまいか。

国民学校のお宮詣で

お宮と呼び慣わしていた上山神社は、わたしにとって幻想的で郷愁をさそう幼年時代の追憶と、小学校のときの戦時下における行事体験とがないまざっており、両者は対照的である。

お宮はカシの木その他の常緑樹が茂り、昼も薄暗く静まりかえっているが、祭りや盆踊りの季節をむかえると一変し、それまでの静けさをやぶって動きはじめる。祭りには神輿や獅子舞いが登場し、田舎歌舞伎が演じられたことなど、8章で紹介したとおりである。そうした賑わいの記憶は、小学校入学のころでとだえる。家庭の事情からお宮へ行かなくなったのか、あるいは戦時下の国民にとって「遊び」はふさわしくないとの理由で中止されたのか、その間の事情ははっきりしない。

「遊び」に代わり、やがてお宮はいかめしい儀式の場として現れた。一九四一（昭和一六）年に小学校が国民学校と改称されたあとであったか、神社詣では学校行事に組み込まれる。そのひとつは神主が主宰し、近所の人があつまる出征兵士を見送る会への参列である。見送りは旅立つ兵士と家族を慰め励まそうとしたのだが、子ども心にはそこまで思いをめぐらすことはできず、形ばかり万歳を三唱していた。宮中行事をなぞった新嘗祭や神嘗祭の式典で、神主の長い祝詞《のりと》に焦れていたのは、兵士の見送りにもまして負の思い出だ。

戦争がはげしくなると、戦勝祈願のため学校から列をつくって参拝したが、それは毎月の定例行事であったのかも。ご多分にもれずわたしは軍国少年であったものの、お宮詣では苦手だった。いまにして思えば、上山小は世間並以上に神道とふかく関わっていたのだろうか。

戦争が終わって

二十年ばかり前、上山神社の境内で随神門と呼ばれる石の鳥居に「敬神」「愛国」の文字が刻まれているのを発見した。何が愛国かは時代によって異なり、人によってさまざまだから刻銘をいちがいに否定するわけにはいかない。しかしわたしにとっては、かつての宮詣での記憶と結びつき、切り離しがたい。

これにたいし神主・赤木家にとって、敬神と愛国は幕末以来掲げてきた信条であり、遵守すべき家訓になっていたのだろうと思う。第二次大戦後、神社をめぐる状況は大きく変わった。小学校が教育の一環として神社の行事に参加することは当然のことながらなくなった。

神主・赤木総雄の後半生をみると、一九五〇年代に河会村および英田町の議会議員を十二年間つとめ、地方自治に尽したとある。晩年、岡山市へ移住した総雄は美作守と改名、『上山風土記』を著す。同書は美作女子大学教員の助言と地元上山の人たちの協力のもとにまとめられた小冊子だ。大戦前とはちがった視点から上山をえがこうとしており、民俗学関係で目配りのきいた記述がなされている。

二、大沢吉十郎と閑谷学校

妙徳寺の境内に碑が建つ大沢吉十郎（一八二八？〜一九二一年）は、没してから早くも一世紀近くがたつ。同じ上山関係者である平賀元義にくらべ、知名度が低かったせいか文献はなく、その名はかろうじて古老のあいだで語りつがれてきたにすぎない。その意味では「大澤吉十郎翁之碑」はかれの存在を思い起こさせ、上山の歴史を照射するよすがとなる。

大沢吉十郎のライフヒストリー

大沢吉十郎は和気郡藤野村（現和気町藤野）に生まれ、民間教育に九十余年の生涯をささげた漢学者である。詳しい経歴は分かっていないが、若いころ「閑谷黌及興譲館講師」をつとめたことが頌徳碑の一文からうかがえる。

閑谷《しずたに》学校は岡山藩池田家によって一六七〇（寛文一〇）年に創立された、全国的に著名な庶民向けの教育機関である。敷地内に藩主を祀る閑谷神社と孔子を祀る聖廟が安置されているように、教育内容は儒教（朱子学）を骨子とする漢学をまもってきた。『増訂閑谷学校史』によると、この伝統校も一八七〇年代に閉鎖され、その後辛うじて存続したのち、一八七七（明治一〇）年に廃校となった。したがって、吉十郎が閑谷学校の講師の職にあったのは七〇年代前半までのことである。

働き盛りの四十代に閑谷学校を退職したあと、七五年から七七年までの三年間は、和気郡神根小学校の助教をつとめている（『吉永町史　通史編Ⅲ』、以下同じ）。七六年九月の「第十九区小学助教月給支払額」リストには九名中、吉十郎の月給が筆頭者の五円についで二番目の四円であり、教員のなかで重きをなしていたことがうかがえる。余談ながら、かれの人柄をしのばせるエピソードも記録されている。すなわち、「明治九年は旱魃の年で、山間地の村民は別して困難の際、なかでも日々の食事にこと欠く困窮の生活を見兼ね、村民四人に一円と米二俵を援助した……。多分教えている児童を通して窮状を知ったのであろう」。

ここまでの経歴からすると、吉十郎は名門閑谷学校の講師および神根小教員を経験した教育のベテランである。それだけに公教育の限界をみてとって、個人経営の漢学塾に賭けたのか。真相は不明だが重い決断であったことは間違いない。

小学校退職から約十年後、後年部落解放運動にたずさわる三好伊平次が、生家から近い吉十郎の塾へ通うようになる。年代ははっきりしないが八八年あたりであろうか。伊平次は十五歳から二十歳ごろまでの四、五年間を吉十郎のもとで学び漢文、漢学、漢詩の基礎を習得したとある。伊平次の人間形成にふかくかかわったとみてよい。吉十郎が上山へやってくるのは八七（明治二〇）年であるから、その年代には藤野と上山を掛け持ちしていたことになる。

大沢塾と上山小学校

明治のころ、笈を負うて都へのぼるということばが流行し、新しい時代をむかえて向学心にもえる若者が全国的に輩出した。その夢をかなえるのは容易ではなく、地方にあっては学ぶ機会が少なく、挫折することが多かった。そうした趨勢のもとで、上山は幸いにも米どころとしてそこそこの豊かさに恵まれており、村外から教育者をまねき勉学の場を設けることができた。

大沢吉十郎が上山で読み書きを教えたもようは、残念ながらほとんど分かっていない。赤木美作守は、大沢が「たびたび来村し、教えを受けるものが続出した」、「農休日には四書五経の講読や書道の稽古が盛んに行われた」と記している（『上山風土記』）。かれの出身地藤野には漢学塾があったのにたいし、上山では学習の内容、場所や名称は定かではない。想像するところ、寺子屋ふうの塾が開かれ、少年から青年までが集まって漢学を学んだのであろう。（本書ではこの師弟関係を便宜上、大沢塾と呼ぶことにする。）

ところで当時、私立の大沢塾と公教育をになう上山小学校とはどんな関係にあったのだろうか。上山小学校は一八七五（明治八）年に設立されたが、それから二十年後の九五（明治二八）年に入学した小林虎三郎は「思い出」と題しつぎのように記している。「学校は藁葺きの屋根に教室が一つという粗末なもので、その教室に一年生から四年生までの全校生徒が入っていた。一年生といっても年齢はまちまちで、六才の子もいれば一二才、一三才の子もいた」と。つまり小学校では就学年齢が異なり、しかも学年がちがう児童をひとつの教室で教えていたわけだから、相当複雑な編成である。

小学校で学習意欲を満たされなかった青少年は、競って吉十郎のもとに集まったのであろうか。後年、上山で活躍する大沢塾の教え子は、吉十郎が塾をひらいた年に十代前半ないしそれ以下であった。たとえば小林好太十四歳、小林節太郎十三歳、永井恒十一歳などである。ちなみに吉十郎は、そのとき六十歳をむかえていた。

後期の大沢塾

大沢塾について珍しい記事が『吉永町史　通史編Ⅲ』に載っている。同書は地元出身の大沢吉十郎の経歴にふれた後に、上山における教え子・小林斉（一九〇二～二〇〇一年）からの聞き取りを紹介している。関係者がいなくなった現在、貴重な証言といえよう。

〔大沢頌徳〕碑を建てた一人、小林節太郎の長男、斉（明治三五年生まれ）が九三歳で健在、小学校高等科を出たころ一カ月ほど「日本外史」を学んだという。碑では塾の名を育英館としている。氏の言によれば、そのころは上山の余裕ある家に五、六日ずつ滞在して講義を行い、次々回って一カ月ほどすると初めの家に戻るという形の塾であった。

文中、「高等科を出たころ」とあるのは、一九一六（大正五）年、十四歳前後のことである。そのころ吉十郎はすでに九十歳近くの高齢に達していたので、からだの負担が少ない自宅巡回の方法をとったとも考えられる。もちろん、そのころになると弟子も減少していたことだろう。というのも、二〇世紀になると授業料の廃止、六学年制の採用、高等科の併設など小学校がいちじるしく改善される。こうした変化にともなって、教育にたいする村びとの期待は漢学から国がおしすすめる学校教育へ移っていたとみてよいだろう。

小林斉への講義から数年後の一九二一（大正一〇）年、吉十郎は上道郡平島で亡くなった。ときに九十四歳、上山へ足を運んでから三十四年がたっていた。

閑谷学校のカリキュラム

大沢吉十郎がかつて教鞭をとった閑谷学校ではどんなカリキュラムを組んでいたか。以下、『増訂閑谷学校史』から抜粋して参考に供したい。

関谷学校の入学者は庶民を主体として武士の子弟をもふくめ、年齢は十三歳から二十二歳におよんだ。在学期間は習字・素読を主とする一年コースが多かったが、希望して二年、三年にわたる者もあったという。

教育内容については、一般諸生すべてにまず課せられたのは習字と、『孝経』『小学』や四書・五経の素読で、次いで左国史漢、すなわち『左伝』『国語』『史記』『漢書』などの中国の史書にも及んだ。習字・読書は、休日を除いて毎日行われた。このうち教授役による講義の教材は四書（『大学』『中庸』『論語』『孟子』）が順次取り上げられることになっていた。そのほか五経（『易経』『書経』『詩経』『春秋』『礼記』）および諸賢伝の類の講釈があった。その講義が終わった後で、大生《ママ》の一グループずつの研究討議、小生《ママ》一人ずつの試読が行われた。

現存する大沢塾のテキスト

吉十郎の高弟、小林節太郎の蔵書が英田町の歴史民俗資料館に保管されている。論語、中庸、小学、大学、十八史略、日本政記と古典を網羅しており、山あいの百姓の読書量としては驚くばかりの量である（ただし、なぜか全巻がそろった書目は少ない）。

蔵書を手にとっているうちに、ふと奇妙なことに気づいた。基本書である論語、中庸その他の裏表紙に「苫田郡池田村野沢松三郎」と持ち主らしい名前が書かれている。新本を買うゆとりがなく、節太郎が譲り受けたのか、数十キロ隔たった苫田郡へ吉十郎が出向いていたのだろうか。事情は不明だが広い地域で文化的な交流が行われた形跡のようにみえる。

わたしの生家の屋根裏からも、ほぼ全巻揃いの論語が見つかった。ほかの家でも蔵の片隅や天井裏の物置きに大沢塾のテキストが眠っていることだろう。

節太郎の蔵書は閑谷学校のテキストとほぼ一致しており、それは閑谷学校のカリキュラムを参考に学習したことを示している。大沢塾は初歩的な読み書きからかなり高度な内容まで幅ひろく教えた個人学校であり、言うならば上山における閑谷学校であった。

三、志を育む論語の世界

上山の若者たちは、大沢塾で何を学んだのか。それはむずかしい問いだが、推測する手がかりがないわけではない。論語その他のテキストの内容を確かめたり、吉十郎のライフヒストリーをたどるなどの方法がある。以下、この時代の人たちの生き方とテキストがどう交差したか、その跡をなぞってみたい。

文化的なむらの雰囲気

元教員・藤原明さんのお宅を訪ねると、玄関におかれた衝立に「至誠通神」と揮毫した扇子が飾っである。至誠天に通ず、あるいは至誠神の如しなどとともに、至誠は人が誠実に生きようとして肝に銘じたことばだ（「至誠」は、儒教の基本図書のひとつ『中庸』に出ている）。明さんによると、これを書いた明治生まれの父君・冬至郎はむらの役職についたことのない平凡な百姓で、吉十郎に学んだとは聞いていないとのこと。しかしこの揮毫がのこっているからには教え子でないまでも、河会村長であった実兄寛太の分家だから、漢学と何らかの接点をもっていても不思議ではない。いずれにせよ、「至誠」ということばは藤原家の家訓にとどまらず、明治生まれの人たちの多くがいだいた信条のように映る。

つぎに、子どものころのわが家での体験である。奥の間に飾ってある扁額（横に長い額）が上山に縁の深い有名な人の書だ、と大正生まれの姉・能江から聞いたことがある。はっきりと憶えていないが八十八翁という署名があったから、いまにして思えば吉十郎晩年の作であったのだろう。養蚕の普及に没頭し、大沢門下生とは言いがたい父ではあるが、吉十郎の揮毫を誇りにしていた節がある。よその家にも吉十郎の額があると聞いており、この一事からみてもかれの人望はひろくゆきわたっていたと考えられるのだ。

頌徳碑とアウトロー

一九二〇年代に上山で二つの頌徳碑が建てられた。

ひとつは妙徳寺境内にある異能の漢学者、大沢吉十郎の碑だ。かれが死亡した翌年、すなわち一九

写真 10－1　大沢吉十郎翁之碑（『英田町史　第三集』より）

二二（大正一一）年に門下生の有志が徳をたたえる碑を建て、小林節太郎が漢詩を刻んだ。

もうひとつは、上山で医業を営んだ青山主僊《しゅぜん》（一八四八～一九三〇年）の碑である。かれは一八七七（明治一〇）年に家業を継いで医師となり、馬にのって上山から隣村の奥塩田を回診したという。「患者ニ接スルニ仁愛ヲ以テシ……慕ヒ集ル者門前市ヲ為ス」有様で、その一生を地域の医療活動にささげている。また「漢詩ヲ修メ花天ト号ス」とあるから、大沢吉十郎と接点があったかもしれない。本人の存命中にもかかわらず一九二六（大正一五）年、小林好太ら上山と塩田の有志によって上山神社前に巨大な頌徳碑が出現した。

碑の建立は先人の業績をたたえ、徳をしのぶとともに、その遺志を継ごうとする決意の表明ともいえよう。啓蒙型の学者と住民奉仕の医者を顕彰したことは、妙徳寺本堂の再建につづき上山が暮らしのなかの文化を重んじていることを内外に印象づけた。

ところがその一方、この時代には碑建立の動きになじまない出来ごとがおこっている。元庄屋系の旧家からアウトロー（社会のはみだし者）ともいうべき二人が現れた。ひとりは大地主の孫で、通いつめた岡山市の廓から芸者を連れかえり、棚田の田植を見物させるハプニングを演じた。いまひとり、別の旧家の息子は近郷の村々で窃盗をはたらき、投獄される破目におちいった。むらの人たちは稀有な事件に「やっちもねぇ（たわいもない）」と、声をひそめて語り興じた。

アウトロー出現の背景には、大沢塾に感化されたマジメ人間の拡がりや、むらの担い手が地主層から自作農へ移るという変化があった。そうした状況のなかで大勢に逆らう人間が現れたり、独自性を誇示する動きが目立つのも避けがたいことであったかもしれない。

世渡りのすべを学ぶ

大沢塾でむらの若者が学んだことは、論語をどう読んだかという点に置き換えることもできるだろう。なぜなら論語は漢学を代表する書であり、大沢塾でテキストの柱とされていたのだから。

論語は言うまでもなく、古代中国の学者・思想家である孔子のことばを中心にまとめた古典で、明治までの日本でもっともよく読まれた。といって、むずかしく高遠な哲学ではなく、生きてゆくために必要な道徳と知恵を主題とした分かりやすい本である。

論語のなかで、孔子は仁、義、礼、智、信といった徳目をあげ、なかでも人を愛するとか思いやりを意味する仁をもっとも重視する。そして仁を尊重した模範として聖人君子をしばしば取り上げるが、興味ぶかいのは対照的な「小人」の扱いである。小人とは度量の小さい人間を指し、どうにもならぬ存在だから近づかないのがベストだとする。平たくいえばバカとは付き合うな、ということであろう。宗教的な説法かと思いきや、意外に冷めた態度であり、生きた処世訓といえよう。

憶測をほしいままにすれば、俗っぽい世渡りのすべを理路整然と説かれるとき、学問と縁のうすかった農家の若者たちは目からウロコがおちる思いをし、いつしか感化されたことだろう。

人の上に立つ心得

孔子は後半生を諸国放浪の旅に出、治国平天下の道を説いてまわった。かれの思想は徳をもって政治を行うことであり、人の上に立つ者の心得として仁を重んじるようもとめた。

孔子の教えをうけ継いだ吉十郎は、実社会へ向けて羽ばたこうとする若者へ熱く語ったことであろう。仁は人と人との関係におけるこころの在り方を意味し、人として生きるため、さらにはリーダーとなって活躍する場合欠かせぬ要件であることを。その教えをうけた若者たちは、成人してのちどのように行動したか、かぎられたエピソードからその一端をさぐってみたい。

第二次大戦前に、百姓が酒を飲むといえば冠婚葬祭が中心であって、日常的に酒をたしなむことは少なく、それだけに楽しみとされていた。顔役ともなればその間の事情を心得ていて、酒を酌み交わす機会をつとめて設けるのだった。セッつぁんと呼ばれた区長の小林節太郎が、寄合いや現地での作業を終えると労をねぎらって酒を振る舞ったことはすでに述べた。豪放な外見のかげにこまやかな心配りをおこたらなかったのである。

村長の小林好太は村会（議会）が終わると議員を自宅へ同行し、ツケでもって近くの店から酒を取り寄せてもてなした。かれは下戸だったが最後まで席を外さず、聞き役に徹していたという。ひとりだけ素面《しらふ》でいても座を白けさせないのは芸のうち、とささやく向きもあった。かれは放談する議員からときに情報をあつめ、あるいはいっとき放念していたのかもしれない。

二人は酒席にかぎらず、他人の話にたいして謙虚に耳をかたむけ、コミュニケーションをふかめた。たとえば、大芦池改修をめぐる区民集会の開催や、道路用地買収にあたっての待ちに徹した対応などは、人間関係を重視する表れだ。それは住民本位の姿勢に通じる。

孔子に倣う生涯教育

大沢吉十郎にとって、教育とは孔子の教えをまもることにはじまり、それにつきたようである。論語には、対話ないし少人数による問答形式を多くとりいれ、弟子の性格や能力に応じて異なる答えを用意したことが記されている。吉十郎が個人レッスンやそれに準じるかたちの講義をしたことは、前記の小林斉の回想や三好伊平次の例が物語っている。それは一人ひとりの個性をのばす方法であり、現代の教育においても有効だとされる。

塾生がおしなべて感銘をうけたのは、吉十郎の教育に取り組む姿勢であろう。孔子が死ぬまで教育に情熱をかたむけた故事にあやかり、九十歳をこえてなお教え子を育てるために献身している。かれの言行は志をつらぬくことの大事さを、身をもって示した。

大沢塾で学んだ少年たちは、塾の創設から三十年たった一九二〇年代に不惑の年をむかえる。それぞれが社会の第一線に立ち、小林好太と小林節太郎はともに郷土の振興に力をつくし、永井恒は苦学して医学博士の称号を手に入れようとしていた。塾の学風は少数のメンバーにとどまらず多くの人のあいだにひろがり、むらの雰囲気をかえた。

吉十郎は二〇年代の上山の精神を底支えしており、むらの発展に陰ながら寄与したと言うことができよう。がしかし、この間における吉十郎の具体的な言行についてはほとんど分かっていない。かれの業績をつたえ、正当な評価を行うためには今後の研究にまたねばならない。

最後に、別の視点からひと言。吉十郎が来村してから三年後の一八九〇（明治二三）年に、政府は教育勅語を発布し、以後半世紀にわたって日本の教育を方向づけた。教育勅語が天皇への忠誠を第一義としたのにたいし、吉十郎は論語に学び仁を尊ぶことを説いて教え子たちと向き合った。かれはその後、信条をつらぬいたのであろうか、確かめたいところである。

高まる教育への関心

二〇世紀の前半まで「百姓に学問はいらない」、「女は学校へ行かなくてもよい」と言われ、進学する場合でも実業学校か、授業料の要らない師範学校や陸軍系の学校が選ばれていた。この進学状況から判断して、実益から外れた思想や文化は農家に縁遠いものとわたしは決めこんでいた。ところが本書を執筆するうちに、その考えを改めねばならなくなった――。吉十郎の教え子たちによって、生き方やリーダーの心得を説く教育の役割が明らかになり、また小学校の新築移転をとおして村びとの教育にたいする関心がふかまった。そして、進学意欲の向上へとつながる。

こうした動きの中心にいたのが小林好太と節太郎の二人である。両者とも跡取り息子に中等教育を卒えさせていないが、それは百姓に学問は不要だと考えたせいかもしれない。しかし、将来世間で学力が必要とされることを予想し、好太は家計が苦しいなかで四人の息子一人ひとりに見合った中等教育の機会をあたえる。節太郎は田舎にあっては異例ともいうべく、娘を高等女学校へあげて注目を浴びた。両者は親として、子どもの進路と教育との関係について思いをめぐらしたのであろう。

大沢塾が下火になったころ、知識を伝達する学校教育が主流となり、そのなかから進学を重視する気風が生まれたかにみえる。がしかし、ことの経過をつぶさに観察すると、右に述べたように吉十郎のもたらした民間教育にその淵源を見出すのである。(なお、進学はプラス、マイナスの両面をもっていて人の生き方に大きく影響し、脱農離村の契機ともなった。)

せめぎ合う二つの思想

歴史をふり返るとき、思想や教育の力に目を見張るのは、大沢吉十郎の場合にかぎらない。国学者の平賀元義と上山の接点は小さく年数も短いが、上山神社の神主・赤木家はその影響のもとに明治、大正、昭和の三代にわたってふかい軌跡をのこした。ただし、大沢漢学が古典をとおして若者の倫理観を育み、生きる拠り所を提供したのにたいし、平賀国学には時勢に便乗したイデオロギーが見え隠れする。

ともあれ国学、漢学という二つの異なる思想が近代の全期間をとおし、水面下でしのぎを削りながらむらの暮らしを彩ってきた。思想が現実をうごかすとは限らないが、そうした時代があったことを思い返したい。

付け足しの章　過疎化と棚田再生の動き

何ごとであれ、自分たちでむらの仕事をこなしてきた歴史が、一九五七年の池普請でもってひと区切りついた観がある。つづく六〇年代の高度成長期が生業と暮らしを一変させ、五〇年代と一線を画しているので、その時点でもって本書の叙述を終えることにする。

しかしそれでは恰好がつきにくい面があり、またむらが変容する二〇世紀後半の過程を付けくわえることも歴史認識の助けになろうかと考え、本章を設けて結びに代える次第である。

一、高度成長がむらを変えた

豊かさが実現した時代

一九六〇年代は上山《うえやま》の転換期であり、その十年間にさまざまな変化が静かにすすんだ。畑作と山仕事は衰退し、農業の機械化と農薬の普及によって人手が徐々に余るようになる。時を同じうして上山で行われた一連の大型公共事業に多くの村びとが就労し、あるいは近隣の工場へ働きにゆく。この間、米の作付け面積は六十町歩の高水準を維持するものの、ほどなく減反政策の影響を蒙ることになる。

暮らしのうえでは、主婦もまたパートとして働きに出、家庭には電気器具や買い入れた食品がならび、都市との格差がちぢまる。

かつて農家は汗と泥にまみれてはたらきながらも収入が少なく、勤め人や商店とくらべ格段に貧しい暮らしをしいられていた。上山では一九二〇年代の好況、第二次大戦へむけての軍事景気があり、豊かさの階段を少しずつ登ってきた。そしてようやく、それまで経験したことのない高収入をうる。乗用車は生活の必需品となり、八〇年代にはガスで風呂を沸かし水洗トイレを整備するなど暮らしは便利になる一方、勤め帰りの農家の主婦が野菜を買う光景も珍しくなくなった。苦労をつみかさね、長年の夢であった豊かさを実現したのである。

この時代の転機を山陽新聞は「吉備高原その風土とくらし」と題する特集記事のなかで、つぎのように伝えている。「上山地区の生活を変えたのは、昭和三十七（一九六二）年に始まった農林省の地すべり防止工事」と、それにつづく大芦池の堤防修理、用水路のコンクリート化、道路の拡幅など一連の公共事業であるとし、藤原武男さんの談話をのせる。「工事は一昨年（一九七四年）に終わったが、一億円もの金が落ち男も女も人夫になった。過疎の歯止めにはなったろうが、おかげで金をかせぐことを覚え、みんな出かせぎに行くようになってしもうた。」

注釈をくわえると、高度成長期以後、むらが自力で行う事業はほぼなくなり、新たに導入された公共事業をとおしてむらそのものが変質へと向かう。武男さんの話は転換期の有様をありありと描きだしたと言えよう。

後継者の不在と耕作放棄

上山の農家は平均六反と規模が小さく、特産品もない。それだけにいっとき豊かさを享受しても農業の先行きへの不安はつよく、政府の減反政策が拍車をかけた。篤農家の弘さんは、「百姓は自分の一代限りとし、子どもは大学へあげ自らの生き方をえらばせた」と語っている。何かにつけ思い切りのよい、同い年の道光勝さんは、一町歩余りの田んぼと家産を放棄し秋田県大潟村の大規模農場への移住をこころみた。ことほど左様に一人ひとりが将来への決断を迫られるきびしい環境であった。

豊かさや便利さと引換えに、むらでは新たな事態が静かに進行する。まずは、若者が進学や就職のために都市へ向かい、あるいはむらにとどまっても勤めに出るなど、農家の後継者がいなくなったことである。つぎに、戦後農業をになってきた世代の高齢化にともない、七〇年代後半からはじまった耕作放棄が九〇年代以降一挙にひろがる。千年ものあいだ営々として開拓してきた棚田が荒れるのは、呆気ないほど簡単だった。ちなみに二〇〇九年の稲の作付けは五町歩余りで、最盛期の一割にも充たなかった。

歴史をさかのぼると、明治維新や第二次大戦の敗北といった大事件にでくわすが、それはどちらかといえば政治や社会の変化であり、むらにおよぼす影響はかぎられていた。農地改革も土地の配分が主である。これにくらべ高度成長は農業生産と暮らしを根底からゆさぶり、地域社会を変えることになった。むらの歴史は明治政府の発足から高度成長の前までを近代、以後を現代と呼んでも差し支えないくらいだ。本書が扱う対象を高度成長の直前までとし、それ以後を「付け足しの章」と題したの

〔上〕1993 年 8 月の情景。見渡すかぎり整然と水田がひろがっていた。
〔下〕2004 年 8 月になると、人家に近い両端をのぞき、棚田一面に草が生い茂る。
（その後、野焼を行って棚田は原状を回復した。）

写真 付―1　荒廃がすすんだ八伏の棚田

はこのような事情による。

二、21世紀の模索

年寄が田畑をつくる

「これから十年たったら、上山はどうなっているだろうか」、と区長の与右さんが語ったのは十年以上も前、今世紀初めのことである。過疎と高齢化、そして耕作放棄とつづく現状についての感懐だ。若者と子どもの少なさにとどまらず、年寄もまた目にみえて減っており、近未来にむらが消滅する懸念を拭いきれないのである。歴史のうえで、地域を支える条件の消滅や社会的変動によって、繁栄した町や村がいつのまにか滅んだ例は数知れない。

上山にはひとり暮しをする年寄が何人もいる。住み慣れた家で寝起きをし、見慣れた風景と朝夕向きあうことに安らぎをおぼえるのか、足腰の立つうちはむらを出て子どもたちの世話になる人は少ない。隣り近所の人と挨拶がてらことばを交わせば孤独感が少なかろうに、人それぞれの事情があって家にこもる人もいる。

年寄夫婦が健在な家では、思いのほか田畑をつくっている。米作りは二人の食べる分にくわえ子どもの家族へ送るというケースが多く、そういう家では農繁期の田植どきには息子が帰郷して手伝ったりする。田んぼは労力がたいへんなので、畑で野菜だけをつくる人もいる。わずかでも田畑をつくりながら暮らすことは、むらへのUターン、Iターンの呼び水となるだろう。

風土は育む

「ここは空気がきれいで、自然がいいですね」、と二児のお母さんは谷向うの山を見やりながら、上山へ引っ越してきたわけを話してくれた。ぜんそくの幼稚園児をかかえた四人家族は空家を借りていたが、病気がよくなった一年後に転出していった。都市《まち》から移住してきた人たちの走りで、九〇年代のことである。

上山では四月から五月にかけて草木がいっせいに花をつけ、木々の黄緑が山野をおおい日に映えてかがやく。山里ならではの光景に感嘆の声をあげると、「上山は、住むには不便なところです」と地元の人にかるく切り返された記憶がある。三十年近くたったいまも、その思いと不便さは変わらない。

上山はゆるやかな山腹に田畑を拓いた土地であり、太陽や青空といった太古以来変わらぬ（?）自然と、田畑や道路、山林など人の手がくわわった自然とが渾然一体となっている。いわゆる景勝地ではないが、若いお母さんのことばからも察せられるように、平凡な風景がこころを癒してくれる。

昔からこのむらがそれなりに安定してきたのは、地形や地質など自然の条件を最大限に活かしてきたからだろう。その代表的な事例が大芦高原の一画をせきとめた溜池と、その水でうるおう棚田だ。

自然のおよぼす影響は生業にとどまらない。おだやかな環境のなかで自然ときりむすぶ労働をとおし、むらの人たちは自然と人とが共存する気風をつちかった。

眠れるむらの財産

現在、上山は活気をなくした貧しいむらと思われがちだが、山林原野がひろがる無人の地ではない。長年にわたって先人が築きあげてきた自然、ことばを換えればむらの財産がある。

筆頭にあげられるのは、むら中にひろがる棚田（の跡地）であろう。元からの山野とちがい、荒地になっていても復元できるのが強味である。ついで目に映るのは灌漑用の溜池や田んぼをぬって走る道路であり、集落を取り囲んでいる山地もまたそうである。そのほか神社やお寺はむらの人たちの交流の施設であるとともに、人びとの心の奥ふかくに宿る精神的な遺産である。

そして最後に、集落と村びとについて記しておきたい。集落には空き家があり、また家を新築するにしても、人里はなれた山の中とちがって移住者が住みやすい環境がある。しかもそこには自然のことを熟知し、多様な人生経験をもつ年寄たちが住んでいる。たとえその持ち味が発揮されることなく眠っているとしても――。

これから、むらの財産はどう活かされるだろうか。

市民権を得た新住民

空家へ都市の人が住むようになったのは、九〇年代からであった。当初「よそ者」とみなされた新しい住民は地域の集まりに顔をだしてなじみとなり、転入者の数がふえるにつれて市民権を得てゆく。新住民はUターン組をふくめ仕事や暮らしに共通点がなく、つぎのような顔ぶれであった（順不同）。

勤めにゆく若夫婦、パソコンの仕事をしながら野菜をつくる人、ピアノ教師、自動車修理を営む人、喫茶室をひらいて林間生活をたのしむ家族、タクシー運転手、農業経験者、整体師、……。

このように多様なメンバーは高度成長期以前には想像もできなかったことであり、かれらは上山の将来を先取りしているのかもしれない。

新住民といえば、歴史上の出来ごとが思い起こされる。一六世紀前半に領主高原一族が定住し、後半には慶長鉱山のブームにのって大勢の移住民をむかえ、近世上山の成立に影響をあたえた。また、一九世紀後半に来村した平賀元義および大沢吉十郎は、思想および文化のうえで大きな足跡を印している。二一世紀に新しい住民はどんな役割を担うのだろうか。

赤飯が評判の棚田会

停滞するむらのなかで、英田町による大芦高原の観光開発がひとり気を吐いていた。八〇年代からキャンプ場、テニスコートなどを設営したのにつづき、九〇年代末には温泉雲海をオープン。温泉は観光客を遠くからむかえる一方、地元の人が行き交う地域のセンターとなり、また区民の数少ない就労先ともなった。（だが、公営事業の経営は容易でなく先行きは楽観をゆるさない。）

英田町からの助言もあって、今世紀初め、上山に「雲海棚田会」が発足した（会長高原弘、副会長小林温子）。米作りをする農家を中心に遊休農地の活用、特産品の開発、雲海売店への出品、バンガローの運営など幅広く手がける。なかでも好評だったのは、女性たちによるまぜ寿しや赤飯《おこわ》の手作り弁当で、温泉でひらく日曜市へ車で買いにくる人も少なくなかったという。少人数の家庭でつくりにくくなった昔ながらの味が、地元の人に喜ばれたのであろう。

棚田会にあつまった人たちは、とどまることのない耕作放棄のなかで、それなりに田畑をつくっている。その姿勢は何かのためというより、無理なく気負うことなく自分らしい生き方を貫こうとしているかにみえる。

上山へ移住してきた人たち

二〇一〇年代を前にして、棚田再生の動きがもちあがった。大阪のグループが立ち上げた「英田上山棚田団」をはじめ多くの人が参加して、荒地と化した棚田の復旧にとりかかる。野焼を行って埋もれていた元のかたちをよみがえらせたとき、むらの人たちは二度と見ることがないと思っていた棚田の風景に息をのんだ。〇九年には、美作市と上山区、それに実行部隊のメンバーがくわわって「上山棚田再生実行委員会」が結成された。

その後、上山へ移住してきた人たちを中心にして、つぎの本が出版されている。当事者の立場から棚田再生へ向けての動きを伝えてみずみずしい。

協創ＬＬＰ編著『愛だ！上山棚田団　限界集落なんて言わせない』（吉備人出版、二〇一一年）

英田上山棚田団『上山集楽物語　限界集落を超えて』（吉備人出版、二〇一三年）
水柿大地『21歳男子、過疎の山村に住むことにしました』（岩波ジュニア新書、二〇一四年）

あとがき

長いことかかって、ようやくこの本ができあがりました。きっかけとなった耕作放棄田との出会いから三十年をこえ、本にまとめようと思い立ってから十数年がたっています。本業のかたわらの執筆とはいえ、われながら呆れるばかりです。恥ずかしさをがまんし、長引いた事情をぶちまけておきます。

この為事をはじめたころは上山関係の文字資料がほとんど見当たらず、聞き取りやフィールド・ワーク、それに事実の背景調査にかかりきりとなりました。そのうえ中途で、主題を棚田とむらの歴史から生業と暮らしの領域にまでひろげたことも大きく影響しています。そうした調査と執筆にあたって、素人であるわたしは、要領の悪さがくわわって専門家の何倍もの手間暇をかけています。また不可解な出来ごとにでくわすと、ナゾ解きにも似た好奇心でもって、いつまでもこだわりつづけていました。

そして最大の理由は、都市の人間になりきったわたしにとって、むらの風土を理解し人びとの気持ちによりそうためには、自分の内部で何かが熟成する時間を必要としたのかもしれません。

ところで、この本の特徴のひとつは任意のむらでなく、書き手の「故郷」のむらを舞台としている点です。故郷といえば、室生犀星が「ふるさとは遠きにありて思ふもの／……／帰るところにあるまじや」とせめぎ合う思いを吐露したように、ある意味では厄介な代物と言えるでしょう。

原風景ともいうべき子ども時代の体験と心情を盛りこむことは、状況をリアルにとらえるうえでは役立つが、思い入れのあまり実像を歪めることにもなりかねません。故郷をあつかう微妙な文脈のなかで、はたして「棚田のむら」を対象化できたでしょうか。読者の判断をまつばかりです。

ともあれ書き終えることができたのは、親族と多くの人たちのおかげです。上山で嫁いだ姉の小林歌子、生家の跡をついだ同じく貞女、そして姪の小林温子（小林好太の孫）らからきめ細やかな話を聞き、何くれとなく手助けをしてもらいました。また小学校の友人やむらの人たちからさまざまなことを教わりました。そのお名前をここに掲げるべきですが、本文中にそのつど記したので割愛することをお許し願いたい。

資料調査のうえでは、英田町歴史民俗資料館の粟井成行さんからいろいろご教示をいただいたほか岡山県立図書館、和気町立図書館などのお世話になりました。

古くからの友人、原田津さんには飲み屋の雑談などをとおして示唆にとむ話をうかがったものです。記して、いまは亡き畏友を偲びたい。(かれが長年つとめていた農文協から、このたび本書を上梓できるのは縁と言うべきでしょうか。)

原稿の作成にさいしては、㈱平文社で入力してもらい、書き直しをかさねるたびに組み替えてきました、同社の松倉均会長以下、煩わしさをいとわず作業してくださった方々へ感謝します。

最後になりましたが、出版にあたって写真や図版の掲載をはじめ適切な助言をしてくださった、農文協編集局の和田正則さんにお礼を申し上げます。

二〇一五年六月

久保昭男

引用文献

【一般書】

朝河貫一著書刊行委員会編『入来文書』日本学術振興会、一九五五年
「入来院氏系図」(『入来文書』に収録)
大藤時彦「姓名」『日本大百科全書13』小学館、一九八七年
奥富敬之『名字の歴史学』角川書店、二〇〇四年
勝田至『死者たちの中世』吉川弘文館、二〇〇三年
亀田隆之「ためいけ」『国史大辞典9』吉川弘文館、一九八八年
窪田博「土木技術からみた池」森浩一編『日本古代文化の探究・池』社会思想社、一九七八年
久留島典子『一揆と戦国大名』(日本の歴史13)講談社、二〇〇一年
週刊朝日編『値段の明治大正昭和風俗史』朝日新聞社、一九八一年
田中圭一『百姓の江戸時代』ちくま新書、二〇〇〇年
寺木伸明「屠畜と皮革―前近代を中心として―」赤坂憲雄他編『さまざまな生業』岩波書店、二〇〇二年
徳丸亜木「荒神」『日本民俗大辞典　上』吉川弘文館、一九九九年
梨木香歩『海うそ』岩波書店、二〇一四年
『日本霊異記』平安初期の仏教説話集
福田豊彦他著『精選日本史B』第一学習社、一九九七年
牧原憲夫『文明国をめざして』(日本の歴史13)小学館、二〇〇八年

宮本常一「郷の残存」宮本常一著『日本民衆史4　村のなりたち』未来社、一九六六年
宮本常一「兵庫県氷上郡鴨庄村」『宮本常一著作集32　村の旧家と村落組織Ⅰ』未来社、一九八六年
室生犀星「小景異情　その二」『室生犀星詩集』新潮文庫、一九六八年
森浩一『記紀の考古学』朝日新聞社、二〇〇〇年
山口梅太郎「鉱山」『世界大百科事典9』平凡社、二〇〇五年

【地方史】

『英田郡誌』英田郡教育会編・一九二三年、作陽新報社・一九七三年復刻
『英田郡史考』椎口松玲編・一九二八年、作陽新報真庭本社・一九七四年復刻
『英田町史』英田町史編纂委員会編、英田町、一九九六年
――『第一集　田中家文書　史料集』一九九〇年
――『第二集　英田町の地区誌』一九九一年
――『第三集　英田町教育の歩み』一九九三年
――『第四集　町内各家文書　史料集』一九九四年
「赤木道子家文書」(『英田町史　第四集』に収録)
赤木美作守『上山風土記』矢野原館文庫、一九八一年
「上山神社由緒沿革」(『英田町史　第四集』中の赤木道子家文書に収録)
「小坂田家文書」『美作古簡集註解』対岳楼書房・一九三六年、名著出版・一九七六年復刻
『香川県史　第一巻　通史編―原始・古代』編集発行香川県、一九八八年
「河会村郷土誌」(『英田町史　第四集』に収録)
「吉備高原その風土とくらし3　たな田」『山陽新聞』一九七四年一月二三日

久野修義「中世社会の深まりと人々の暮らし」(『吉井町史　通史編』に収録)
『劒花菱の余香』森田昌之著、非売品、高原先祖顕彰会、一九七九年
小林虎三郎「思い出」(『英田町史　第三集』に収録)
近藤義郎『月の輪古墳』吉備人出版、一九九八年
『佐伯町史』佐伯町史刊行委員会編、佐伯町、一九七五年
『増訂閑谷学校史』特別史跡閑谷学校顕彰保存会企画、福武書店、一九八七年
「高原氏先祖書」(『英田郡誌』に収録)
「天神山記」『吉備群書集成　第参輯』吉備群書集成刊行会、一九二二年
『東作誌』正木輝雄編纂(一八一五年)、石原書店・一九一二年発行、作陽新報真庭本社・一九七三年復刻注
『美作町史　通史編』美作町史編纂委員会編、美作市、二〇〇七年
『吉井町史　通史編』吉井町史編纂委員会編、吉井町、一九九五年
『吉永町史　通史編Ⅲ』吉永町史刊行委員会編、吉永町、一九九六年
『和気郡史　通史編下巻Ⅰ』和気郡史刊行会、一九八四年

注『東作誌』は津山藩士正木輝雄が美作東六郡を巡回して資料を集め、一八一五(文化一二)年に編纂した地誌である。
　同書を収めるのはつぎの書目であるが、本書執筆時に使用したのは『美作誌前編　東作誌』である。
『新訂作陽誌』作陽古書刊行会・一九一三―一四年、作陽新報社・一九七五年復刻
『新訂訳文作陽誌』一九一三年、日本文教出版・一九六三年復刻
『美作誌』石原書店・一九一二年、作陽新報真庭本社・一九七三年復刻

表の掲載ページ

久保 昭男（くぼ あきお）
本名小林昭男。1932年岡山県美作市上山に生まれ、幼少年時代をすごす。1955年早稲田大学文学部（仏文学）卒業。業界新聞社、印刷所勤務を経て、1976年に久山社を設立。復刻版を刊行して全国の大学へ出張販売、80年代後半以降児童文化研究書その他を発行、2011年まで継続。
出版のかたわら、上山について調査と聞き取りを行う。

連絡先 〒113-0033 東京都文京区本郷1丁目5-7-416
Tel・Fax 03-3812-0253

物語る「棚田のむら」
中国山地「上山」の八〇〇年

2015年8月5日 第1刷発行

著 者 久保 昭男

発行所 一般社団法人 農山漁村文化協会
〒107-8668 東京都港区赤坂7丁目6-1
電話 03（3585）1141（営業） 03（3585）1145（編集）
FAX 03（3585）3668 振替 00120-3-144478
URL http://www.ruralnet.or.jp/

ISBN 978-4-540-15117-0
＜検印廃止＞
印刷／㈱平文社
製本／根本製本㈱
定価はカバーに表示

内山節著作集（全15巻）

〈四六判上製　各巻平均３００頁　※価格は本体価格〉

第１巻　**労働過程論ノート**　２９００円
人間の存在を労働過程としてとらえ、そこから人間の解放を展望するデビュー作。

第２巻　**山里の釣りから**　２９００円
川を「流れの思想」からとらえ、山里の暮らしから労働の二面性をみる記念碑的作品。

第３巻　**戦後日本の労働過程**　２９００円
経済学とは別の立場から、現実の社会のなかで生きる労働者の存在をとらえる現状分析論。

第４巻　**哲学の冒険**　２８００円
15歳の「僕」が、自分の現実的な存在に対する迷いから哲学の扉を開く異色の哲学入門。

第５巻　**自然と労働**　２８００円
エッセイという形式で存在論、労働存在論、労働過程論を、現代に再出発させる試み。

第６巻　**自然と人間の哲学**　２９００円
自然と人間、そこでの労働の意味を問い直し、現代における自然哲学の構築を目指す。

第７巻　**続・哲学の冒険**　２７００円
一人の高校生が「近代における人間存在からの解放」という重い課題を背負う哲学的自伝。

第８巻　**戦後思想の旅から**　２７００円
戦後生まれの目から、「民主的」な戦後社会に潜む管理と自由の喪失をあぶり出す。

第９巻　**時間についての十二章**　２８００円
直線的に過ぎ去る「時の矢」としての時間と、循環する時間の違いをとらえる時間論。

第10巻　**森にかよう道**　２８００円
知床から屋久島まで日本全国の森を訪ね、「森と人間との営み」の回復を展望する。

第11巻　**子どもたちの時間**　２７００円
近代的学校制度が破壊した村の循環的な時間。時間論からの根源的な教育批判。

第12巻　**貨幣の思想史**　２８００円
スミスやマルクス、ケインズなど近現代経済思想を「貨幣と人間の関係」から読み解く。

第13巻　**里の在処（ありか）**　２７００円
上野村に古民家を譲り受けた著者が、四季折々にむら人と交流する姿を小説風に描く。

第14巻　**戦争という仕事**　２９００円
現代の労働に潜む「戦争」との共通性。労働の改革から無事な世界への道筋を示す。

第15巻　**共同体の基礎理論**　２７００円
解体されるべきものではなく、自然と人間の基層から未来を切り拓く可能性としての共同体論。

シリーズ地域の再生（全21巻）　各2600円＋税

1 **地元学からの出発**
結城登美雄 著
「ないものねだり」ではなく「あるもの探し」の地域づくり実践。

2 **共同体の基礎理論**
内山 節 著
むら社会の古層から共同体をとらえ直し、新しい未来社会を展望。

3 **グローバリズムの終焉**
関 曠野・藤澤雄一郎 著
移動の文明から居住の文明、成長経済からメンテナンス経済へ。

4 **食料主権のグランドデザイン**
村田 武 編著
忍び寄る世界食料危機と食料安保問題を解決する多角的処方箋。

5 **地域農業の担い手群像**
田代洋一 著
農家的共同としての集落営農と個別規模拡大経営＆両者の連携。

6 **福島 農からの日本再生**
守友裕一・大谷尚之・神代英昭 編著
食、エネルギー、健康の自給からの内発的復興と地域づくり。

7 **進化する集落営農**
楠本雅弘 著
農業と暮しを支え地域を再生する社会的協同経営体の多様な展開。

8 **復興の息吹き**
田代洋一・岡田知弘 編著
3・11を人類史的な転換点ととらえ、農漁業復興の息吹を描く。

9 **地域農業の再生と農地制度**
原田純孝 編著
農地制度・利用の変遷と現状から地域農業再生の多様な取組みまで。

10 **農協は地域に何ができるか**
石田正昭 著
属地性と総合性を生かした、地域を創る農協づくりを提唱する。

11 **家族・集落・女性の底力**
徳野貞雄・柏尾珠紀 著
他出家族、マチとムラの関係からみた新しい集落維持・再生論。

12 **場の教育**
岩崎正弥・高野孝子 著
明治以降の「土地に根ざす学び」の水脈が現代の学びとして甦る。

13 **コミュニティ・エネルギー**
室田 武・倉阪秀史・小林 久・島谷幸宏・三浦秀一・諸富 徹他 著
小水力と森林バイオマスを中心に分散型エネルギー社会を提言。

14 **農の福祉力**
池上甲一 著
農村資源と医療・福祉・介護・保健が融合するまちづくりを提起。

15 **地域再生のフロンティア**
小田切徳美・藤山 浩 編著
過疎の「先進地」中国山地が、日本社会転換の針路を指し示す。

16 **水田活用新時代**
谷口信和・梅本 雅・千田雅之・李 侖美 著
飼料イネ、飼料米、水田放牧からコミュニティ・ビジネスまで。

17 **里山・遊休農地を生かす**
野田公夫・守山 弘・高橋佳孝・九鬼康彰 著
里山、草原と人間の歴史的関わりから新しい共同による再生を提案。

18 **林業新時代**
佐藤宣子・興梠克久・家中 茂 編著
自伐林家の役割を動的・構造的に解明し、広がる「土佐の森」方式を克明に紹介。

19 **海業の時代**
婁 小波 著
水産業を超え、海洋資源や漁村の文化から新たな生業を創造する。

20 **有機農業の技術とは何か**
中島紀一 著
「低投入・内部循環・自然共生」から新しい地域農法論を展望。

21 **百姓学宣言**
宇根 豊 著
農業「技術」にはない百姓「仕事」のもつ意味を明らかにする。